# NOUVEAU MANUEL

DU

# PÊCHEUR

1.

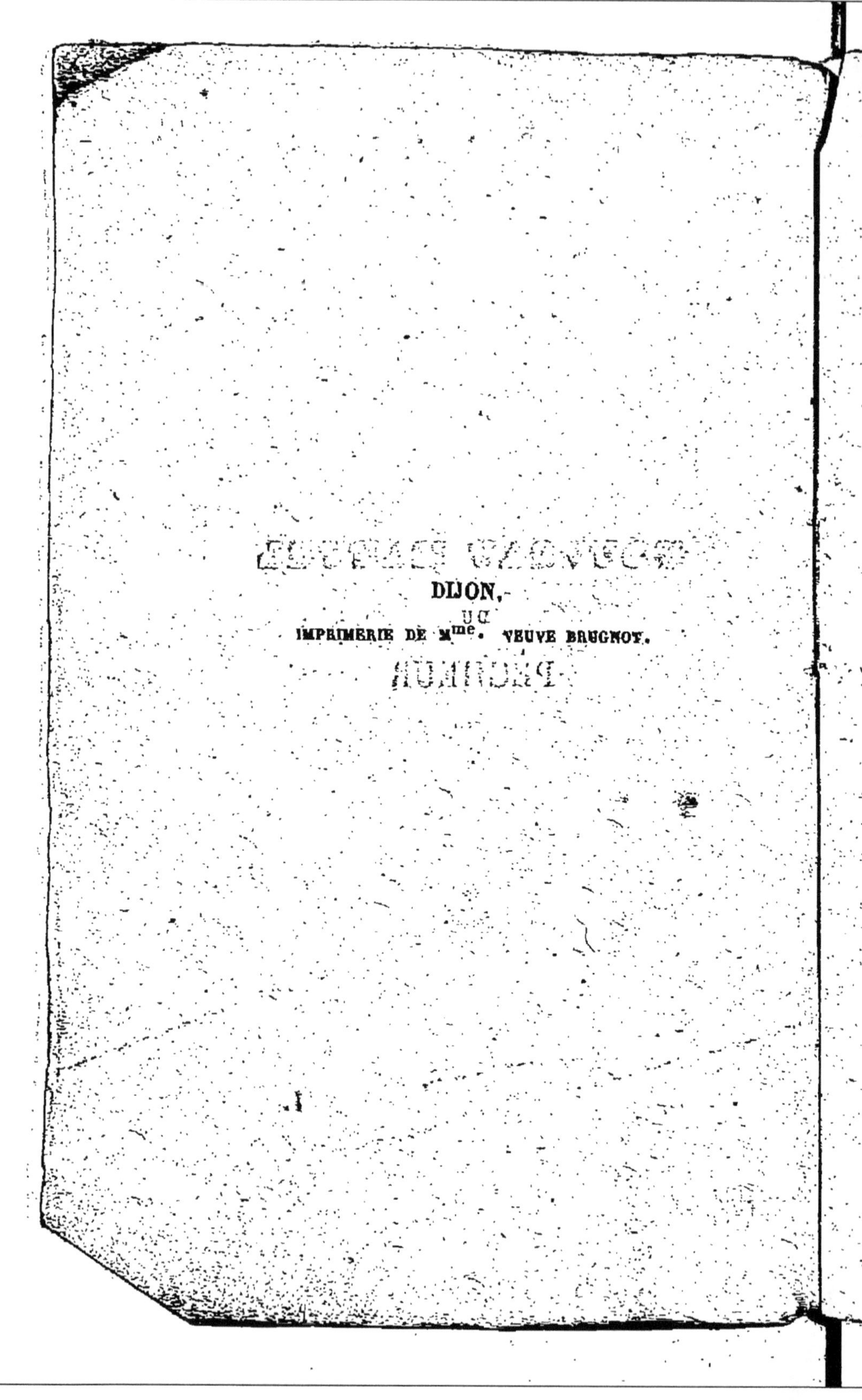

DIJON,

IMPRIMERIE DE Mme. VEUVE BRUGNOT.

# NOUVEAU MANUEL

DU

# PÊCHEUR

## à la ligne, aux filets et autres instruments.

*Contenant un précis détaillé des différentes espèces de poissons, leurs mœurs et habitudes ; les lieux où ils se tiennent, avec l'indication des temps et des heures les plus favorables à la pêche.*

PAR M. TOUSSAIN, ANCIEN GARDE GÉNÉRAL.

**Orné de planches.**

PARIS.

AU DÉPÔT DES NOUVEAUX MANUELS,

Rue du Battoir, 3.

1838.

# NOUVEAU MANUEL

# DU PÊCHEUR.

---

## PREMIÈRE PARTIE.

**Des différentes espèces de poissons, des lieux où ils se tiennent et des temps favorables de la pêche de l'anguille.**

On fait la pêche aux anguilles depuis le mois d'avril, jusqu'au mois de septembre ; on choisit de préférence, les heures de la nuit, et parmi les nuits, celles qui ne sont point éclairées par le clair-de-lune. Ce poisson affectionne particulièrement les fonds vaseux. Il habite les canaux, les rivières, les étangs et même les eaux saumâtres.

Le chabot ou tête d'ane, est un petit poisson de rivière qui se trouve dans les courants rapides, où il se cache ordinairement entre les cailloux, ou dans le sable. L'hiver est la saison la plus favorable pour prendre ce poisson : on le pêche à la nasse, et même à la fouane, quand l'eau est transparente et peu profonde.

## De la Truite.

La truite, qui est un des meilleurs poissons, affectionne surtout les eaux-vives. Elle se nourrit dans les ruisseaux les plus rapides, sur les sables les plus durs, dans les torrents, dans les lacs, au milieu des rochers.

La meilleure saison pour manger des truites, est le mois de mai. La meilleure espèce est rouge et jaune. Les femelles, qu'on estime davantage, se distinguent par une tête plus petite et un corps plus épais que les mâles; elles sont meilleures vers la fin de juin.

Leur grosseur et leur forme varient suivant les différents pays où elles se trouvent. Dans le lac de Leman, il y a des truites de 110 livres. Certaines eaux contiennent des truites remarquables pour leur nombre et leur petitesse. Dans quelques rivières, qui communiquent à la mer ou qui en sont proches, il y a une petite truite que l'on pourrait prendre pour un jeune saumon ; mais elle ne devient jamais plus grosse que le hareng.

La truite croît plus vite que les autres poissons ; aussi ne vit-elle pas aussi long-temps que la perche ou la carpe. La truite fraye au mois d'octobre et de novembre, plus tôt ou plus tard, selon les rivières; elle diffère en cela de la plupart des autres poissons, qui œuvent au printemps ou l'été, lorsque le soleil a échauffé la terre et l'eau, et l'a rendue propre à la génération.

Lorsque le soleil est parvenu à échauffer la terre et l'eau, la truite devient malade, maigre, malsaine, pouilleuse ; à l'entrée de l'hiver on voit souvent attaché sur elle des espèces de vers, à peu près semblables pour la forme, à une épingle, qui la sucent; elle ne reprend sa santé que lorsqu'elle a assez de force pour sortir des eaux tranquilles et dormantes, et pénétrer dans des ruisseaux où, en se frottant sur le sable, elle se débarrasse de ces vers incommodes ; ensuite, à mesure qu'elle devient plus forte, elle passe dans des eaux de plus en plus rapides, et là elle guette les mouches qui viennent près d'elle.

La truite se tient également au fond ou à la surface des eaux. On peut la pêcher abondamment du mois de mars au mois de septembre, à quelqu'heure de la journée que ce soit.

## De l'Ombre.

L'ombre est une espèce de truite de couleur brunâtre ; ses nageoires sont molles, sa chair est blanche, sèche et de bon goût. Celle du lac de Genève est très-estimée. L'ombre se nourrit de thym d'eau, et elle en conserve l'odeur. On trouve des ombres en Auvergne.

## Du Saumon.

Le saumon est un grand poisson d'eau douce qui naît dans les eaux de la mer. On le trouve dans les grands fleuves, surtout près de leur embouchure.

Il y a peu de rivières en France qui aient un cours plus étendu que la Loire ; on y pêche des saumons depuis son embouchure jusqu'auprès de sa source.

Les saumons ne restent pas long-temps dans un même endroit ; quelquefois ils s'approchent du rivage et entrent dans les anses, puis ils se portent où l'eau est profonde, et toujours en remontant vers la source des rivières, où cependant on n'en trouve guères que de petits ; les gros se tiennent où il y a plus d'eau. Ils se plaisent dans les eaux vives et claires qui coulent sur un fond de sable pur ou de gravier. Souvent, après avoir remonté dans une grande rivière, un espace assez considérable, ils la quittent pour passer dans un ruisseau dont l'eau est plus vive.

Pour cela, ils s'élancent fort haut au-dessus de l'eau, franchissent des cataractes qui ont plus de huit pieds de hauteur.

Quand un saumon a à vaincre un courant très-rapide, il plie beaucoup son corps, pour qu'en donnant des coups de queue très-vifs, il acquière la force qui lui est nécessaire pour surmonter la résistance du courant.

Le sentiment le plus généralement adopté par les naturalistes, est que les saumons remontent dans les rivières pour y frayer et y déposer leurs œufs.

On estime les saumons qui ont la tête petite relativement au corps, qui doit être gros, arrondi, ce qui indique qu'il est charnu et gras; ses écailles doivent être brillantes, et alors on pense que c'est un signe de bonne santé. Au contraire, ceux qui éprouvent la maladie du frai les ont ternes, et les mouchetures moins distinctes.

Les saumons fraient dans les rivières d'eau douce, depuis le mois de septembre jusqu'en décembre, et ils sont alors réputés de mauvaise qualité; mais comme la plupart n'ont point frayé en entrant dans les rivières, presque tous ceux qu'on prend à leur embouchure sont bons en toute saison: néanmoins ils sont dans toute leur perfection en janvier et février; et quand ils se remplissent d'œufs, leur chair est plus sèche, ils son absolument mauvais quand ils fraient, et peu de temps après.

### Du Brochet.

Le brochet, le plus vorace des poissons d'eau douce, se trouve dans les lacs, étangs et rivières.

Le brochet est rusé et vit très-long-temps.

Sa grande voracité lui a fait donner le surnom de *loup* ou de *tyran des eaux*.

Le brochet est un poisson solitaire, triste et hardi; parce qu'il vit toujours à l'écart ou repose seul, et ne va jamais par bande ou en compagnie.

Les brochets aiment une eau tranquille, ombragée et peu fréquentée, et se tiennent ordinairement parmi les plantes, telles que les joncs, les roseaux ou les touffes de verdure qui couvrent quelquefois les eaux dormantes; mais souvent aussi ils paraissent dans les ruisseaux limpides. On les attrape quelquefois sur la surface de l'eau, dans le milieu, et souvent, surtout en hiver, au fond. Ils fraient vers la fin de février ou au commencement de mars.

### De la Carpe.

La carpe a la couleur de son corps très-variée; l'âge peut y influer. Elle fraie aux mois de mai et d'août; alors elle est moins bonne à manger. Les carpes des étangs sont moins estimées que celles des rivières; la carpe vit fort long-temps; elle est susceptible de quelque éducation.

On pêche la carpe du mois de mai au mois de novembre; elle se tient dans les rivières, les étangs et les canaux. Le temps de la journée le plus favorable pour la pêche de la carpe, est le matin et le soir.

Les lieux fréquentés par la carpe pendant l'hiver, sont les parties les plus larges et les plus tranquilles des rivières; mais en été, elle reste dans des crosnes profonds près de quelque fuyant, sous des racines d'arbres ou bords creux, près des touffes de joncs ou de roseaux.

La carpe de l'étang n'a pas de place fixe, on a seulement remarqué qu'elle aime les sols gras et fertiles, et ne prospère jamais dans les terrains stériles et les eaux froides. La carpe est le poisson qui vit le plus long-temps hors de l'eau. En Hollande, on a coutume de les garder vivantes trois semaines ou un mois, en les pendant dans un lieu frais et dans un filet avec de la mousse humide, en les nourrissant avec du pain et du lait.

## De la Brême ou Brame.

Plusieurs mettent ce poisson au nombre des carpes; mais il paraît que la brême se rapproche beaucoup plus du gardon; on en prend qui pèsent jusqu'à 5 ou 6 livres : elle est aussi proportionnellement plus large et moins épaisse, la tête est plus petite; néanmoins son museau est presque gros comme celui de la rosse.

A la fin de mai elles déposent leurs œufs dans les herbiers, puis elles se retirent dans les eaux les plus profondes où elles vivent d'insectes, d'herbe et de limon; elles croissent lentement. Ce poisson se trouve dans les lacs et les rivières qui ont peu de courant : il est assez grand et large; il a la tête petite par proportion à son corps; son dos est convexe et tranchant, son corps est applati sur les côtés; il est couvert de grandes écailles comme la carpe; le dos est d'un bleu foncé; les côtés et le ventre sont blancs, surtout aux jeunes, que peut-être quelques-uns nomment *brêmes gardonnées;* les grosses ont des reflets dorés, et au ventre des barres rougeâtres.

On ne fait point de pêche particulière de la brême; on la prend avec la saine, le tramail, dans des verveux, et pêle-mêle avec d'autres espèces de poissons; mais plus fréquemment le printemps que dans les autres saisons.

On remarque que les brêmes changent de couleur en vieillissant, que les jeunes ont leurs écailles très-brillantes et que les grosses ont la tête et le dos rembrunis, qu'elles ont sur le corps des bandes tirant au rouge : il y a lieu de croire que les brêmes dites gardonnées sont de jeunes brêmes, qui s'étant trouvées dans une eau vive, sont grasses et ont leurs écailles brillantes; car on sait que la nature des eaux influe beaucoup sur la couleur du poisson.

### De la Tanche.

On pêche la tanche toute la journée, depuis le mois de juin jusqu'au mois de février.

La tanche d'eau douce est un poisson rond à écailles et arrêtes, qui, à plusieurs égards, ressemble à la carpe. Ses écailles sont vertes, petites, minces et recouvertes d'une mucosité, qui rend ce poisson très-glissant, de sorte qu'on serait tenté de croire qu'il n'en a point : ce poisson se trouve dans presque toutes les rivières, les étangs, même dans les mares; car il se plaît dans la vase; néanmoins on assure qu'elles passent volontiers des eaux dormantes dans les rivières, et effectivement on en trouve assez abondamment dans de petites rivières dont l'eau est fort vive; celles qu'on pêche dans les fonds vaseux, ont un goût de vase très désagréable; pendant que celles qui se sont dégorgées dans les eaux vives, font un très-bon manger, surtout quand elles sont grosses; car les petites sont pleines d'arrêtes, qui les rendent désagréables : une tanche de trois livres est réputée belle; on dit qu'il y en a qui pèsent cinq à six livres; on assure qu'elles fraient en avril dans les herbiers; il est certain que ce poisson multiplie beaucoup ; il y a peu d'endroits où l'on n'en trouve.

La tanche a la vie dure, néanmoins elle est plus difficile à transporter en vie que la carpe. La gueule n'est pas grande, elle ressemble beaucoup à celle de la carpe ; on ne sent point de dents dans l'intérieur, mais au fond du gosier elle a des os comme la carpe. Son palais est charnu, néanmoins pas autant que celui de la carpe. La vessie pneumatique est double. On dit que les mâles ont les nageoires du ventre plus grandes que les femelles, et que le premier rayon surtout est gros et canellé en travers ; ainsi les pêcheurs prétendent pouvoir par ces caractères distinguer les mâles des femelles.

### De la Perche

La perche est un excellent poisson, d'un caractère très-hardi et très-vorace, qui tue et dévore les poissons de son espèce qu'il a pu vaincre.

La perche croît lentement ; mais, elle parvient à la longueur de deux pieds environ. Elle mord, mais ne se laisse pas prendre aisément. Elle vit en troupe. On la pêche le matin et le soir, depuis le mois de juin jusqu'au mois de janvier. Elle se tient ordinairement dans le milieu de l'eau.

### De la Plie ou Carrelet.

Ce poisson est petit, plat et large ; sa chair est blanche, molle et d'un bon goût. Il est rusé de sa nature; lorsqu'il sent les pêcheurs, il commence à gagner le gué, à s'attacher à la terre, et à troubler l'eau, afin qu'ils ne le voient pas.

Quand on veut pêcher ce poisson, il faut que le temps soit calme; on va pour cela avec des bottes, si la saison n'est point chaude, ou pieds nus, si le temps le permet; ainsi l'on se met dans l'eau.

Ce n'est que dans les rivières où l'on peut passer à gué qu'on pêche les plies; on marche dans les endroits où il y a du sable, et on imprime le plus fortement qu'on peut ses pieds; ces traces restent ainsi, pourvu que l'eau ne soit point agitée, et après avoir attendu un peu de temps, on retourne vers ces mêmes traces, et on les trouve remplies de plies qu'on prend alors aisément à la main.

La plie entre dans les étangs de mer, et quelquefois dans les rivières fangeuses.

### Du Barbeau.

Ce poisson est commun dans plusieurs rivières. Il respire l'eau et la rejette avec beaucoup de force, de sorte qu'il la fait bouillonner, peut-être parce que l'ouverture de ses ouies est petite, ce qui fait probablement qu'il vit quatre ou cinq heures hors de l'eau.

On en prend qui ont depuis un pied jusqu'à deux pieds et demi de longueur.

La chair des barbeaux est très-blanche, délicate et de bon goût, principalement celle qui recouvre les grosses arrêtes qui forment la capacité de l'abdomen : à cette partie elle est plus ferme que vers la queue, où il y a beaucoup d'arrêtes fines et incommodes. La laite, dans certaines saisons, est grosse, plus rouge que blanche, et bonne à manger. A l'égard des œufs ; on les jette, parce qu'on assure qu'ils causent des tranchées, des vomissements et des diarrhées.

Les pêcheurs disent que les barbeaux se nourrissent de petits poissons, et qu'ils se jettent avidement sur la viande lorsqu'ils en trouvent. Il en est d'eux comme de presque tous les autres ; ceux qu'on pêche dans les eaux vives et sur les fonds de roche, sont beaucoup meilleurs que ceux qu'on prend sur des fonds vaseux et dans les eaux dormantes.

La saison où le barbeau a la chair la plus ferme et de meilleur goût, est depuis le mois de septembre jusqu'à celui de mai ; on en prend pêle-mêle avec d'autres poissons dans toutes sortes de filets ; comme il est vorace il mort volontiers à l'hameçon, et on l'attire dans des filets avec des appâts.

## Du Goujon.

Ce poisson se trouve très-fréquemment au bord de grandes et petites rivières. Il est fort petit, puisqu'i en faut douze pour faire une livre. C'est un poisson à écailles et à arrêtes. On ne prend point le goujon à l'hameçon parce qu'il ne donne point à l'appât. On le pêche à la nasse ou avec le verveux dont les mailles sont très-étroites.

Le goujon habite ordinairement les rivières et les fonds sablonneux; il se tient à la partie inférieure de l'eau, et c'est du mois d'avril au mois de novembre que sa pêche est la plus abondante. Toutes les heures de la journée sont également propices pour le pêcher.

## De l'Able ou Ablette.

C'est un petit poisson de rivière, un peu applatti, plus allongé que le goujon; sa tête est assez petite, platte en dessus, le bout du museau est échancré et un peu relevé : les plus grands ont à peine six pouces de longueur; ceux qu'on prend le plus communément, n'ont guère que quatre pouces.

L'able a de la ressemblance avec l'éperlan: mais à l'éperlan les écailles des côtés ne sont pas aussi brillantes qu'à l'able, qui n'a pas entre l'aileron du dos et celui de la queue, le petit appendice muqueux qui caractérise l'éperlan : les nageoires et les ailerons des ables sont ordinairement teints de rouge à l'endroit où ils tiennent au corps, et l'aileron de la queue plus que les autres.

Quand on interpose ce poisson entre le soleil et l'œil, il paraît presque transparent : néanmoins le dos est assez épais et charnu.

Ce petit poisson a la chair flasque, et a peu de goût.

L'able se pêche du mois d'avril au mois d'octobre, et pendant toute la journée; elle se tient indifféremment à la surface, au milieu et au fond de l'eau.

## De la Loche.

Petit poisson dont on distingue plusieurs espèces, savoir : la loche *d'étang*, celle de *rivière* et celle de *mer*.

La loche *d'étang* a la figure et la couleur du goujon. Elle est plus courte, plus grosse, moins délicate et moins saine que la loche de rivière.

On donne à la loche de *rivière* le nom de *franche*. Elle a la peau lisse, sans aiguillons, et sa chair quoique gluante est plus tendre et plus saine que celle des autres. Sa couleur est jaunâtre, tiquetée de noir ; on pêche une grande quantité de ce poisson dans la rivière de Mare en Languedoc et dans toutes les rivières à eaux vives.

Il y a encore une autre espèce de Loche de rivière qui a des barbillons qui lui pendent du bout des mâchoires.

On pêche ces poissons à la ligne et aux filets. On met pour appât des grillons, des vers, des grains de raisin.

### De la Vaudoise ou Dard.

C'est un petit poisson d'eau douce, de la longueur d'un hareng, mais plus large ; il va si vite dans l'eau, qu'il semble s'élancer comme un dard, ce qui l'a fait ainsi nommer par les pêcheurs de la Loire. Il devient fort gras. Sa chair est molle, néanmoins d'un goût assez agréable ; elle passe pour être fort saine.

Ce poisson mord à l'hameçon amorcé avec des fourmis ailées et autres appâts.

### Du Meunier ou Meulenaud

On l'appelle encore têtard ou têtu, parce qu'il a une grosse tête ; meunier, parce qu'on le prend autour des moulins, ou parce qu'il a la chair blanche.

Le meunier est un petit poisson de rivière qui a une grosse tête : on peut le conserver long-temps dans un vivier ou dans des seaux remplis d'eau de mer pour les vendre en vie, pourvu que l'eau soit claire. Il se nourrit de bourbe, d'eau et de petits animaux qui ne ent sur la superficie de l'eau ; il ne va jamais n-rau- st-slomme ce poisson est très-délicat, on ne peut leagC porter; mais il est très-estimé dans les ports de mer et aux environs.

La pêche du meunier se fait à la ligne ; on met pour appât à l'hameçon des grillons qu'on trouve dans les champs, ou des grains de raisin, ou d'une espèce de mouche qu'on trouve cachée en hiver le long des rivières. Il y en a qui se servent de la cervelle de bœuf dont ils garnissent leurs hameçons.

C'est ordinairement dans le mois de mai que cette pêche commence à être bonne, et depuis ce temps-là jusqu'au mois de mars. Cette pêche se fait en se promenant la ligne à la main, et, dès qu'on trouve l'occasion favorable, on la jette le plus loin possible.

### De la Grenouille.

On en compte différentes espèces ; mais nous n'entendons parler ici que de la *grenouille aquatique*, qui est la meilleure à manger. C'est un animal vorace qui se nourrit d'insectes, de lézards, de jeunes souris, de petits oiseaux, et même de canards nouvellement éclos.

Le soir, à l'approche des pluies, les grenouilles font entendre leur chant monotome.

### Des Écrevisses et Homards.

On en distingue de plusieurs espèces, celles de mer

connues sous les noms de homards, de langoustes, et celle de rivière. Les unes et les autres sont des poissons crustacés, d'un genre différent des cancres et des crabes.

Le homard est une grosse écrevisse qui a deux mordans plus longs et plus larges que la main, et beaucoup plus forts que ceux des crabes; il y en a de trois pieds de longueur. On les prend la nuit, à la clarté de la lune ou d'un flambeau, on les enfile avec une fourche de fer et on les coupe en deux.

La langouste diffère du homard en ce qu'elle a deux pieds de chaque côté, sans pinces plates; elle vit dans les lieux profonds; pendant l'hivér elle se retire sur les bords des rivières : on la pêche comme le homard.

### Du Gardon.

Poisson de rivière qui peuple beaucoup ; il a le corps large, le dos bleu, voûté. Sa chair est blanche et délicate. Quand on parle d'un homme bien portant, on dit qu'il est frais et vif comme un gardon. Il se trouve dans les différents lacs ou étangs, et même quelquefois dans les fleuves.

### De l'Alose.

L'alose est un poisson de mer qui remonte les rivières au printemps, où il s'engraisse et où sa chair prend un bon goût. Ces poissons vont par troupes et à fleur d'eau. L'alose bien fraîche, prise loin de la mer, est un met délicieux qui se sert sur les tables les plus délicates. On en vend une espèce à Paris, qu'on nomme *pucelle*.

### De la Lamproie.

La lamproie-anguilli-forme, poisson de mer et de rivière qui vit d'eau et de boue; elle suce aussi les pierres et les rochers : elle entre au printemps dans les rivières pour y déposer ses œufs : c'est alors qu'on la pêche. Sa chair, dit-on, est fort échauffante. L'individu mâle est meilleur à manger au printemps que la femelle. Les vieillards doivent s'abstenir d'en manger souvent.

Pour pêcher ce poisson on tend ordinairement des nasses à la décharge d'une vane de moulin.

### Du Mulet-Barbet.

Les mulets sont à peu près ronds; ils sont principalement connus dans le Poitou et l'Aunis : ils vont ordinairement par troupe ; les petits n'ont que six pouces de longueur; il y en a aussi qui ont quelquefois deux pieds: ceux-là sont les plus estimés.

La tête du mulet est fort allongée, de couleur brune; tout son corps est couvert d'écailles. Ce poisson se plaît à l'embouchure des rivières à la mer; il remonte les rivières. On distingue à l'entrée de la Loire deux espèces de mulets, savoir : le brun, qui n'entre jamais dans la Loire, et le gros, qui y remonte fort haut, et qu'on nomme *sauteur*, parce qu'il s'élève quelquefois à plusieurs pieds au-dessus de l'eau. Cet individu ne mange presque point de poisson ; on assure qu'il se nourrit d'herbes et de vase ; c'est pourquoi on en prend rarement à l'hameçon. Sa chair est d'assez bon goût pour être servie sur de bonnes tables ; elle a aussi l'avantage de supporter le transport sans se gâter.

C'est surtout aux mois de mai, juin et juillet qu'on les prend dans les parcs, pêcheries et étentes, à la basse eau. Il s'en rencontre aussi quelquefois toute l'année, même en hiver. Quand les pêcheurs en aperçoivent un banc qui donne dans une anse, ils les enveloppent avec des filets d'enceinte, et en prennent une grande quantité.

### De l'Éperlan.

Ce poisson est ainsi nommé à cause de sa blancheur argentine, qui ressemble à celle des perles. Il répand une odeur agréable, que plusieurs ont comparée à celle de la violette.

L'éperlan prend naissance dans la mer et remonte ensuite dans les rivières, particulièrement dans la Seine. Il est long de quatre à huit pouces, sur un à deux de grosseur. Sa chair est exquise au goût, mais elle nourrit peu; elle convient à toutes sortes de tempéraments. L'éperlan, dépouillé de ses écailles, a des couleurs semblables à celles de l'arc-en-ciel. Les plus estimés se prennent depuis la fin de l'été jusqu'à Pâques, dans plusieurs rivières, notamment dans la Seine, vers Caudebec.

On le pêche à la nasse ou aux grands filets: quelquefois on pratique des batardeaux pour détourner les petits ruisseaux, qu'il suit volontiers, et où on le prend facilement.

# NOUVEAU MANUEL
# DU PÊCHEUR.

---

## SECONDE PARTIE.

## PÊCHE A LA LIGNE.

### De la ligne et des différentes espèces de lignes.

On entend par *ligne* proprement dite, l'ensemble de plusieurs parties qui forment ce que l'on appelle un équipage, savoir : 1° le corps de ligne ; 2° l'empile ; 3° l'hain ou l'hameçon ; 4° la gaule à laquelle on attache le corps de ligne ; et 5° enfin, la perche ou canne que le pêcheur tient à la main, et qui supporte tout le reste du système qu'elle complète.

Nous allons nous occuper successivement de chacune de ces pièces en particulier.

### Du corps de ligne.

Le corps de ligne se fait ordinairement de *fils retors*, de *crins blancs*, ou mieux encore de *soie*. Les lignes doivent toujours diminuer de grosseur depuis l'extrémité de la perche jusqu'à l'hameçon ; et pour certaines pêches, les dernières pièces sont seulement formées par un crin, ou un fil de pite très-délié, ou même un simple fil de soie.

Pour les pêches ordinaires, les deux pièces plus près de l'hain, sont de deux crins; les trois pièces au-dessus, de trois, et quatre aux trois suivantes; et ainsi de suite en augmentant, jusqu'au bout de la ligne qui tient à la perche, de sorte que la ligne diminue uniformément de grosseur depuis la perche jusqu'à l'hain.

Comme le poisson est méfiant, il ne faut pas que les lignes soient trop grosses, et il est bon de les teindre de couleur d'herbe verte ou fumée, pour teindre les crins blancs d'une légère couleur verte, il faut mettre dans une chopine de bière une demi-livre de suie, une petite quantité de jus de feuilles de noyer, et un peu d'alun. Lorsque cette liqueur a bien bouilli et qu'elle est refroidie, on y met tremper ses lignes de crin, et on les y laisse plus ou moins, suivant le degré de vert qu'on désire leur donner. Lorsqu'on veut teindre les lignes d'un vert foncé, on met dans une pinte de petite bière une demi-livre d'alun, et on fait bouillir doucement son crin pendant une demi-heure, on le retire, on le laisse sécher. Cette première préparation le dispose à recevoir la couleur; on met ensuite dans deux pintes d'eau deux poignées de fleurs de souci, on fait bouillir la liqueur pendant une demi-heure ; lorsqu'il s'y forme une écume jaune, on y ajoute une demi-livre de couperose concassée, et le crin aluné qu'on veut teindre. On ôte le pot du feu, on y laisse le crin trois ou quatre heures, et il est d'un beau verd. Plus on ajoute de couperose, plus le vert est foncé, mais on doit préférer le vert pâle. Quelques personnes poussent l'attention jusqu'à vouloir que le crin soit jaune, dans la saison où les herbes se fanent et se dessèchent : pour lui donner cette couleur, on augmente la dose du souci, et l'on diminue considérablement celle de la couperose.

## De l'Empise.

C'est la portion du corps de ligne qui supporte l'hameçon qu'elle saisit par son anneau lorsqu'il en a, ou à la queue duquel elle s'attache par une espèce de souture en fil, lorsqu'il en est dépourvu. Cette empile est tantôt simple et tantôt double formant dans ce dernier cas, une espèce de boucle ; elle est quelquefois aussi cadenettée ; assez souvent elle n'est qu'une continuation du corps de ligne, et se compose par conséquent de la même matière que ce dernier; c'est même ce qui arrive habituellement, qu'elle en soit ou non distincte; quelques pêcheurs la préfèrent en racine, et pour les gros poissons, ils se servent d'une petite chaînette.

## De l'Hameçon.

L'hameçon est un petit crochet de fer qu'on met au bout de la ligne avec de l'*appât* pour prendre le poisson. Il y en a de diverses dimensions et de différentes matières, suivant le poisson qu'on veut prendre. Nous indiquerons plus tard les numéros qui conviennent aux différentes espèces de poissons. On en fait avec des épines, et même avec des os.

Passons maintenant à la partie la plus grossière de la ligne, à celle qui doit tout supporter, c'est-à-dire à la *perche* ou *canne*. Cette perche, comme on va le voir, exige un assez grand nombre de conditions qui toutes sont essentielles, et dont l'absence, seulement de quelques unes, pourrait compromettre le succès de la pêche.

## De la Canne ou Perche.

On choisit ordinairement du bois léger, flexible, élastique, comme une gaule de coudrier, de saule, de peuplier, ou de sapin, le bois de celtis ou micocoulier. Ces perches doivent avoir 4 ou 5 pouces de circonférence au bout qu'on tient dans la main, et environ un pouce à l'autre extrémité. Leur longueur de 10 à 12 pieds, plus ou moins, selon l'étendue de la nappe d'eau où l'on se propose de pêcher.

On couche à plat ces perches ou gaules dans un four chaud, et on les laisse jusqu'à ce qu'elles soient refroidies, pour les tenir ensuite pendant un mois dans un lieu sec; il faut, après cette opération, les lier bien ferme sur une forte pièce de bois carrée, pour les percer dans toute la longueur avec un fil de fer de chaudronnier qu'on appointit par un bout et qu'on fait chauffer dans un feu de charbon jusqu'à ce qu'il soit rouge ou blanc, et on s'en sert pour percer la gaule, la tenant toujours droite; on fait ensuite usage d'une autre broche de fer d'une dimension plus forte, ayant soin que le trou soit plus étroit à son extrémité menue qu'à son gros bout. Cette canne, ainsi préparée et appropriée, on la met tremper dans l'eau pendant deux jours, puis on l'expose à la fumée jusqu'à ce qu'elle soit parfaitement sèche; elle doit faire environ la moitié de la longueur de la perche; et le trou pratiqué sert à recevoir deux autres baguettes; ainsi donc la perche est composée de trois morceaux qui s'ajustent les uns aux autres.

Pour le second morceau qu'on ajoute à la canne creuse, on cueille un beau jet de coudrier, qu'on fait sécher comme la canne, ensuite on le dresse et réduit à une grosseur convenable pour qu'il puisse entrer dans le trou fait à la canne; et on l'introduit du côté du gros bout ; ce jet ou baguette doit occuper environ la moitié de la longueur de la canne.

Pour compléter la perche, on choisit des bourgeons de nouvelle pousse, droits et déliés, d'épine noire, de pommier sauvage, de néflier ou de genièvre; on dépouille ces houssines de leur écorce, on les fait sécher; en ayant rassemblé un nombre en faisceau qu'on lie bien serré avec une forte ficelle; on diminue assez de leur grosseur pour qu'elles puissent entrer dans le trou formé dans l'axe de la canne, du côté de son bout qui est le moins gros. On joint ces trois pièces les unes aux autres, au moyen d'écrous et de vis, de manière que les trois morceaux ne fassent qu'une perche dont on peut se servir comme d'une canne, étant renfermés les uns dans les autres, lorsqu'on ne pêche plus.

On peut encore plus commodément faire une perche de jet ou roseau des Indes ; on met les trois parties qui doivent composer la perche, dans un sac, d'où on les tire quand on veut pêcher, ayant soin de les joindre les unes au bout des autres, sans employer de vis de métal, se contentant de faire entrer l'extrémité des unes dans un trou qu'on a pratiqué au bout de celle à laquelle elles doivent s'ajuster : ensuite on les arrête avec des goupilles, pour qu'elles ne se séparent pas lorsqu'un gros poisson tire fortement la ligne.

On peut en faire de 3, 4 ou 6 morceaux qu'on taille en flûte et qu'on assemble et frotte avec de la cire grasse de cordonnier, et on les lie par des révolutions d'un bon fil retors ciré ou enduit de poix grasse.

Lorsqu'on veut avoir des perches très-propres, on se sert de quelques bois des îles, comme bambou, cèdre, cyprès, du micocoulier, ou d'autres bois légers et plians qu'on colore si l'on veut, en les frottant avec de l'eau forte faible, dans laquelle on fait dissoudre de la limaille de fer, et qu'on polit ensuite avec de la prêle. Il faut mettre plusieurs couches de cet acide, et polir à chaque fois.

Si l'on veut pêcher avec des lignes amorcées d'insectes vrais ou factices, il faut que les perches soient très-légères; on les fait alors avec des cannes de roseaux de Provence, qu'on termine par une baguette de baleine; ou avec des houssines d'épine noire, de néflier, de coudrier, etc., qu'on fait sécher comme nous l'avons déjà dit.

Les perches doivent toujours être proportionnées à a grosseur du poisson, au lieu que, quand on pêche lavec des insectes, les perches doivent être très-légères, afin de pouvoir faire sautiller l'hain à fleur d'eau, comme nous l'expliquerons lorsqu'il sera question des truites.

Avant de passer à ce qui regarde l'amorce ou appât, nous croyons devoir donner quelques enseignements, qui pour être accessoires, n'en sont pas moins indispensables.

Il s'agit d'attacher l'*hameçon* à l'extrémité de la *ligne*; ce qui se pratique de différentes manières. A l'égard des très-petits hains terminés par un anneau, on passe deux fois le bout de la ligne dans l'anneau ; on le couche sur le corps de l'hain auquel on le joint par plusieurs tours d'une soie cirée; on relève ensuite le bout de la ligne vers l'anneau, et on continue les révolutions du fil de soie ; pour en arrêter le bout, on fait 4 ou 5 révolutions de soie sur une aiguille un peu grosse, dans l'œil de laquelle on a enfilé la soie ; on retire cette aiguille vers le crochet de l'hain, et la soie se trouve ainsi engagée dans les dernières révolutions.

*L'hameçon attaché,* la ligne faite, on l'attache un peu avant l'extrémité de la perche, de façon à pouvoir l'allonger ou diminuer à volonté. Quelquespêcheurs attachent à la ligne un tuyau de plume couvert de soie cirée, et bouché par les deux bouts ; mais plus ordinairement on passe la ligne dans un morceau de liège : d'autres se servent tout simplement d'un bouchon de bouteille. Ce bouchon se place à une distance de l'hain, proportionnée à la profondeur de l'eau. Il ne faut pas que le bouchon soit trop fort, de crainte qu'il n'effarouche le poisson. Lorsqu'on pêche certains poissons tels que la carpe, l'hain doit traîner sur le fond: pour d'autres il faut que l'hain soit entre deux eaux; et généralement pour les pêches où l'on fait sautiller sur la surface de l'eau, il ne faut ni plomb ni liége.

De ce que nous venons de dire le lecteur peut déjà conclure qu'il y a des lignes flottantes et des lignes dormantes, selon qu'elles sont suspendues plus ou moins près de la surface liquide, ou qu'elles reposent à terre sur le lit même de la pièce d'eau. Nous allons donner la description de l'une et l'autre, et nous en ferons connaître une troisième qui prend le nom de *sédentaire*.

La ligne flottante est celle dont le corps de ligne est divisé en deux parties au moyen d'une flotte. Cette flotte sert à suspendre l'hameçon et à soutenir sur l'eau la partie antérieure du corps de ligne qui prend alors le nom de *bannière*. Cette flotte est tantôt un tuyau de plume, tantôt un bouchon et quelquefois l'un et l'autre en même temps.

La ligne dormante est celle qui traîne au fond de l'eau, lestée avec un petit morceau de plomb. Elle est amarrée à une perche qu'on pique en terre.

La ligne sédentaire ne diffère de cette dernière que parce qu'elle est amarrée au premier corps venu, et non à une perche comme sa précédente.

### De l'Amorce ou Appât.

Quand on amorce l'hain avec des petits insectes, il faut les traverser jusqu'à ce qu'ils aient passé le barbillon : quelquefois un seul enfilé suivant sa longueur suffit, car les hains qu'on emploie pour cette pêche, sont fort déliés. Lorsque les insectes sont bien petits, on les pique par le travers, et on en met plusieurs ensemble. Pour pêcher pendant la nuit, comme il faut que l'appât soit plus apparent, on pique presque toujours deux vers de terre par le travers du corps : ils s'agitent alors beaucoup, et la moindre clarté suffit pour les faire apercevoir des poissons.

Une infinité de vers peuvent servir d'appât, principalement ceux qui se trouvent dans les fumiers de vache et de cochon, ou dans la tannée. Ceux en général qui vivent plus long-temps dans l'eau, sont préférés pour la pêche. On fait entrer la pointe de l'hain par la queue des gros vers de fumier, et on la fait sortirpar la tête. Lorsqu'on sait un endroit où il y a de gros poissons, les petits servent utilement d'amorce, il faut alors se servir de forts hameçons, et de petits poissons qui aient deux travers de doigt de longueur.

Lorsque l'hameçon a deux crochets, on fait passer la tête de l'hain par la bouche du poisson, et on la fait passer par l'une des ouies ; on lie ensuite la queue sur la ligne, ayant soin que les deux crochets de l'hain soient tout près de la bouche du poisson : on attache enfin l'hameçon à la ligne.

On amorce de la même manière ou lorsque l'hain ou hameçon n'a qu'un seul crochet. Le petit poisson ainsi employé pour amorce, ne vit ordinairement que 4 à 5 heures. Watton, dans la vue de conserver plus long-temps les poissons en vie, conseille de mettre entre deux crochets d'un hain double, un fil de laiton qui porte un morceau de plomb de forme ovale. Il veut qu'on mette ce plomb dans la bouche du poisson qui doit servir d'appât, et qu'on le couse, pour qu'il ne puisse rejeter le plomb. Le poisson qui n'est pas blessé vit ainsi long-temps, et il nage comme s'il était libre, ce qui engage les autres poissons à mordre à l'appât et à l'haim.

Les pêcheurs d'eau douce amorcent pendant l'été avec du fromage de gruyère, avec de la chair de toutes sortes d'animaux, telles que de celle de chat, de lapin; le foie est préférable. Les vers de toutes espèces, surtout ceux qui deviennent scarabées, et ceux qui se forment dans la viande pourrie et dans les fruits. Ceux qu'on nomme achées, sont employés avec assez de succès.

Les vers blancs ou jaunes qui se trouvent dans les racines de l'iris aquatique, sont un excellent appât pour les truites, la tanche, la brême et la carpe; on ne doit les laisser qu'une heure dans l'eau pour qu'ils se vident, et les remettre ensuite dans le sac avec du fenouil, pour les employer tout de suite. Les vers de fumier, de tannée sont un excellent appât.

## De la Conservation des Vers.

Le meilleur moyen de conserver les vers, c'est de les mettre dans la terre grasse, garnie de mousse, qu'il faudra renouveler tous les 3 ou 4 jours en été, et toutes les semaines en hiver. Il faut avoir soin de retirer la mousse, la laver, l'exprimer entre ses mains jusqu'à ce qu'elle ait rendu son eau, et la remettre sur les vers. Dès qu'on s'aperçoit qu'ils maigrissent, on verse chaque jour une cuillerée de lait ou de crême sur la mousse pour les rétablir. Il existe beaucoup d'autres moyens pour conserver les vers.

Pour se procurer des vers de terre, on soulève les pots dans les jardins, on enfonce un piquet dans un prés un peu frais, qu'on remue en faisant décrire un cercle à la partie supérieure, ce qui engage les vers à sortir, ou bien on foule la terre avec ses pieds. Différentes espèces de scarabées, fourmis, mouches, papillons, grenouilles, petits poissons de toutes sortes, servent d'appât. Les fèves de marais sont aussi une excellente amorce. Les grenouilles sont efficacement attirées par des morceaux de drap rouge; elles servent aussi d'appât, qu'on pique par le cou, et on conduit la tige de l'hain entre la peau et la chair le long de l'épine du dos, pour le faire sortir vers la moitié du dos; en mettant une brasse de distance entre la flotte de liége et l'hain. Cette amorce ne convient que pour les gros poissons.

### Appâts pour attirer les Poissons.

Hachez bien menu, ou pilez dans un mortier, de la chair d'un héron mâle; entonnez cette chair hachée dans une bouteille à large cou, que vous boucherez exactement, et que vous tiendrez pendant quinze jours ou trois semaines dans un lieu chaud. La chair, en se pourrissant, se réduit en une substance qui approche de l'huile, que vous mêlez avec un tourteau de chenevis ou de la mie de pain, du miel et un peu de musc. On prétend que la plupart des poissons, et particulièrement les carpes, sont très friands de cet appât.

Walton fait grand cas des pâtes suivantes : « Faites hacher, nous dit-il, bien menu de la chair de lapin ou de chat, pilez-la dans un mortier avec de la farine de fèves ou autres, y ajoutez du sucre ou du miel, en la pétrissant bien dans tous les sens, y mêlez un peu de laine blanche hachée, ce qu'il en faut pour former des boules assez solides pour tenir aux hains. »

**Autre Appât.**

On peut encore mettre sur un plateau de bois, du sang de mouton, jusqu'à ce qu'il soit à demi-desséché, et quand il sera assez durci, le couper par morceaux d'une grandeur proportionnée à celle de l'hain. On peut y mettre un peu de sel qui l'empêche de se noircir, et l'appât n'en est que meilleur.

**Appât pour toutes sortes de poissons.**

Prenez une ou deux poignées du plus gros froment, faites-le bouillir dans du lait jusqu'à ce que ce grain soit bien attendri : alors vous le fricasserez, à petit feu, avec du miel et un peu de safran délayé dans du lait. Vous vous servirez de ces grains pour amorcer des petits hains; et on peut en faire usage pour les appâts de fond.

### Appats d'Œufs de poissons.

On fait durcir des œufs de poisson sur une tuile chaude; quand on veut s'en servir, on en coupe des morceaux d'une grosseur convenable; quelques pêcheurs s'en servent sans les faire durcir; ils en mettent gros comme une noisette à un petit hain. Lorsqu'ils veulent s'en servir plusieurs fois, ils le suspendent pour qu'il se dessèche, et le trempent pour l'attendrir, quand ils veulent en faire usage. Si l'on veut conserver plus long-temps ces œufs, il faut mettre de la laine au fond d'un pot, les œufs dessus, saupoudrer d'un peu de sel, et continuer à mettre un lit de laine, une couche d'œufs et du sel, jusqu'à ce que le pot soit plein.

Le même Walton dit que les insectes ailés, naturels ou factices, sont très-avantageux pour la pêche des truites, de l'ombre, des perches, des saumons, etc., que les plus petits sont préférables aux gros. Il ajoute que, par un temps sombre, on doit faire usage des insectes de couleur claire, et de ceux de couleur obscure, lorsqu'il fait du soleil. Trois ou quatre incectes bien faits, et d'une grosseur moyenne, suffisent pour pêcher toute l'année, dans la plupart des rivières, excepté pendant les grands froids de l'hiver.

### Pour faire venir après la ligne.

On prend deux grains de musc, quatre gouttes

d'huile d'aspic autant de mercure et de camphre ; on en frotte souvent l'hameçon, et on l'amorce à l'ordinaire. Tout le poisson des environs y viendra.

On peut aussi amorcer l'hameçon avec du vieux chapeau gras.

## Des Appâts factices.

Le même auteur réduit ces insectes à un très-petit nombre; il dit qu'on peut en faire de très-bon pour la truite et d'autres poissons, avec du poil d'ours mélangé de poils bruns, pris sur différents animaux ; il ajoute qu'il faut proportionner la grosseur des insectes factices à celle des naturels qu'on veut imiter.

Pour former un insecte artificiel, on tient la tige de l'hain entre le pouce et le doigt index, la pointe de l'hain en bas, l'anneau en dehors, et la courbure du côté de la paume de la main. Si l'insecte a le corps un peu gros, on le forme avec une petite bandelette d'une étoffe mince, qu'on assujétit avec du fil de soie; on y mêle du fil d'or ou d'argent, quand l'insecte a la couleur de ces métaux.

Si l'insecte est velu, on se sert du même fil pour assujétir les poils ou le duvet que l'on coupe avec des ciseaux, ou on en brûle l'extrémité à la flamme d'une bougie, pour les réduire à une longueur convenable.

Si l'insecte doit être ailé, on forme ces parties avec des plumes qui soient fermes et étroites, qu'on taille avec des ciseaux, pour leur donner la grandeur et la forme des ailes de l'insecte qu'on se propose d'imiter.

Walton prétend que les fourmis ailées ont le ventre gros et arrondi comme une bouteille, et que le corps de ces insectes doit être formé, au mois de juin, par un camelot brun et rouge, avec des ailes gris-clair; mais qu'il faut que ceux du mois d'août aient leurs ailes de couleur obscure, et le corps fait de poil de vache bien noir, nué d'un peu de rouge à l'extrémité du ventre.

## Des Appâts de fond.

Pour déterminer les poissons à fréquenter les endroits où l'on se propose de pêcher, on leur présente des aliments dont ils sont friands. Pour cela on mêle quelquefois avec de la vase, différentes espèces de grains, dont on remplit un panier ou un baril qui soit ouvert par les deux bouts, et on le coule au fond de l'eau. Différentes espèces de poissons, et particulièrement les carpes, se plaisent à chercher les grains dans cette vase.

Voici encore un autre appât réputé très-bon :

Mettez tremper, pendant une nuit, des fèves grosses et moelleuses; faites-les cuire à-demi dans l'eau; si vous employez un quart de boisseau, vous y mettrez un quarteron de miel avec une couple de grains de musc, et vous retirerez le pot du feu avant que les fèves soient entièrement cuites. Pour faire usage de cet appât, on en met des petits tas sur la terre qui couvre la table, et on les appuie avec la main, afin que les fèves s'y attachent; ou on en forme des mottes qu'on serre avec les mains, et qu'on met sur le fond, s'il n'est pas vaseux.

On peut conserver quelques-unes des plus grosses fèves pour amorcer les hains. On en fait aussi avec de la mie de pain mâchée, et on peut se servir d'une pâte faite de chair de chat et de lapin, qu'on pétrit avec de la cire vierge et du miel, pour en faire de petites boules qu'on jette dans l'eau.

L'appât de fond le plus aisé à faire est une pâte faite avec de la mie de pain, du miel et un peu d'assa fetida. Le fumier de vache, ou du son mêlé avec de l'avoine germée, des entrailles d'animaux, etc., attirent puissamment le poisson. Lorsqu'on fait usage de ces divers appâts, on en porte au bord de l'eau, sur les huit ou neuf heures du soir, on les presse avec les mains, on en forme des mottes qu'on jette dans l'eau. Ces mottes tombent au fond et y restent, à moins que le courant ne soit trop rapide. On peut aller pêcher le lendemain à la pointe du jour. Cet appât convient particulièrement pour les brêmes. Quand on a mis quelqu'un de ces appâts, on va examiner, soir et matin, s'il est mangé; s'il l'est effectivement, on est assuré qu'il y a du poisson, et on peut espérer de faire une bonne pêche ; mais si l'appât n'a pas été attaqué, ce serait perdre son temps que de s'y arrêter.

**Précautions particulières.**

Nous avons déjà dit que, les poissons vivant de rapines, étaient naturellement curieux d'examiner les objets nouveaux ; mais le moindre bruit les effraie. Ainsi donc, dès que le pêcheur a jeté sa ligne, il doit rester immobile, ayant toujours l'œil fixé sur le liège ou le tuyau de plume, dont le mouvement indique que le poisson a mordu. Quand on s'en aperçoit, il ne faut pas trop se presser de tirer la ligne, on doit donner au poisson le temps d'avaler l'appât. Mais dès qu'il traîne le liège, on peut juger qu'il cherche à se retirer dans un crosne ou quelques herbiers : alors il faut donner une secousse à la ligne pour piquer le poisson, et faire entrer la pointe de l'hain dans son gosier. C'est le moment où les gros poissons se tourmentent beaucoup, et bien loin de tirer la ligne, il faut la leur lâcher peu à peu, pour les laisser se promener de côté et d'autre, jusqu'à ce que s'apercevant qu'ils sont fatigués et que la force leur manque, on les tire doucement à bord.

Quand ce sont des petits poissons, la force de la ligne est suffisante pour résister à leurs mouvements ; mais il faut beaucoup de précaution et d'adresse, pour ne pas perdre les gros poissons qui ont mordu aux appâts.

Il y a des pêcheurs qui se servent de gros hains et de lignes très-fortes; ils saisissent la ligne avec la main, et tenant la tête du poisson soulevée, ils lui font avaler de l'eau; il perd ainsi peu à peu ses forces. Mais les forts hains et les grosses lignes ont l'inconvénient d'effaroucher le poisson; il n'y a que ceux qui sont très-affamés qui y mordent.

Pour pêcher avec une ligne fine, il faut en avoir une de cinq à six toises de longueur, et la rouler, pour la plus grande partie, sur un petit morceau de bois léger. On dévide donc et on roule une partie de la ligne sur ce morceau de bois, jusqu'à ce qu'il n'en reste que la longueur qu'il faut pour pêcher commodément, et on arrête la ligne en l'enfonçant dans une fente qu'on a eu soin de faire au fond de l'échancrure qui termine ce morceau de bois. Cette ligne ne se déroulera point jusqu'à ce que le poisson soit piqué; mais lorsque, sentant la pointe de l'hain, il fera effort pour s'enfuir, la ligne se dégagera de l'entaille, elle se déroulera de dessus le morceau de bois, et devenant fort longue, elle laissera au poisson la liberté de se débattre et de se tourmenter; il avalera de l'eau, qu'il ne pourra pas rendre par les ouïes; il se fatiguera et s'affaiblira peu à peu: alors, en tirant la ligne avec ménagement, on l'amènera au bord de l'eau.

On peut encore mettre au bout menu de la canne,

un petit anneau de cuivre, dans lequel on passera la ligne, qui viendra se rouler en partie sur une bobine assujétie à la perche vers son gros bout. Quand le poisson fait effort, on permet à la bobine de tourner, et la ligne devient ainsi fort longue.

On peut se dispenser, si l'on veut, de tenir continuellement la perche, soit en l'enfonçant dans une douille qu'on a formée en terre, soit en fichant dans le terrain une pointe de fer qui s'ajuste à vis au gros bout de la perche; par ce moyen on peut, quand le poisson est fatigué, le saisir de ses deux mains pour le prendre; mais le plus sûr moyen est d'avoir un trubleau, petit filet en forme de poche, tendu comme sur la monture d'une raquette, et le faire passer dessous les poissons quand ils commencent à sortir de l'eau.

Quelquefois les poissons, se sentant piqués, se retirent dans les herbiers ou les crosnes; il faut bien alors tirer doucement la ligne en différentes directions, pour parvenir à les dégager.

### Manière de pêcher en se promenant.

Il faut avoir une perche légère, longue de douze à quinze pieds, suivant l'étendue de la nappe d'eau où l'on doit pêcher. On y attache une ligne qui pend d'environ deux toises, et au bout de laquelle est ajusté un hain garni d'un appât léger, comme une sauterelle à qui on a arraché une articulation de ses grandes pattes; un limas noir, dont on ouvre le ventre pour laisser apercevoir la partie blanche des intestins, qui attire le poisson; différentes espèces de vers ou des mouches, des bourdons, des cerfs-volant, ou autres scarabées à qui on a coupé les cornes, les pattes et les ailes écailleuses, etc. Tous ces appâts sont fort bons.

En automne, on peut amorcer avec une pâte jaune, composée de fromage bien fort, qu'on pile dans un mortier avec un peu de beurre et assez de safran pour la rendre de couleur citron. Et on peut, durant l'hiver, amorcer avec du fromage et un peu de térébenthine, mêlés ensemble en consistance de pâte.

Quand il fait chaud on doit tenir l'hain vers la surface ou à la moitié de la profondeur de l'eau; mais durant le froid, il faut le tenir près du fond. Tout étant disposé, on prend la perche à deux mains en se promenant le long de l'eau. On jette la ligne le plus loin qu'il est possible, faisant faire une vive révolution à la perche. L'hameçon tombe dans l'eau à certaine profondeur, et prenant la perche d'une main, on lui donne de petites secousses pour faire sautiller l'appât dans l'eau, de sorte qu'il semble fuir le poisson qui le poursuit; ce qui l'engage à s'élancer et à avaler l'appât et l'hain.

Dès que le poisson a mordu, on donne une secousse à la perche pour enfoncer la pointe de l'hain dans le gosier du poisson; si le poisson est petit, on le fait sauter à terre; mais s'il est gros, on prend les précautions déjà observées. Quoiqu'on puisse faire cette pêche toute la journée, les heures les plus favorables sont après le soleil levé et deux heures avant son coucher.

### Lignes dormantes.

La manière de pêcher à la canne avec des lignes dormantes tendues à bord de l'eau, devient une pêche des plus intéressante, si on y emploie 3, 4 ou un plus grand nombre de perches. Mais il faut qu'elles soient assez proches les unes des autres, et assez près du bord de l'eau pour que le pêcheur puisse, sans sortir de sa place, les apercevoir toutes. Alors il a soin de piquer en terre le gros bout de chaque perche, non pas perpendiculairement, mais assez inclinée pour qu'il n'y ait que 2 ou 3 pieds de distance entre la surface de l'eau et le menu de la perche. Quand il a tendu ainsi toutes ses perches, il se tient tranquille et assez éloigné de l'eau pour n'être point aperçu du poisson; mais de façon cependant qu'il puisse voir les liéges de toutes les cannes, afin de savoir quand il y a un poisson de prix. Il doit encore avoir la précaution d'attacher vers le gros bout de la perche une petite fourchette de bois, qui est enfoncée dans le terrain, et qui étant un peu inclinée, forme, relativement à la perche, un petit arc-boutant, lequel entre d'autant plus dans le terrain, que le poisson tire la perche avec plus de force.

### Pêche au bord des étangs salés.

On met au bout d'une canne avec un hain amorcé, à 1 et 1|2 ou 2 pieds de l'hain, une pierre ou un plomb qu'on attache à la ligne. On tend, le soir, ces cannes au bord des étangs salés, à un endroit où il n'y ait que 2 pieds 1|2 ou 3 d'eau. Le lendemain matin on va les relever.

Cette pêche se pratique dans tous les canaux et les étangs qui communiquent à la mer, lorsque les loups et les dorades retournent à la grande eau.

### Pêche au bord de la mer.

Cette pêche, qui se pratique entre les rochers, est à peu près la même que la précédente, excepté que les perches et les lignes sont plus longues et plus fortes; mais elle se pratique plus volontiers aux bords de la Méditerranée.

### Pêche à la Perche dans des batteaux.

Pour pêcher en mer avec la canne, 3 ou 4 matelots se mettent dans une fort petite yole, et quand ils rencontrent un banc de poissons ils font des pêches avantageuses. Leurs perches sont petites. On prend ainsi dans la Manche beaucoup de merlans et des maquereaux.

On pêche des maquereaux avec des lignes menues, mais faites d'excellent fil, qui ont ordinairement 3 à 4 brasses de longueur. On ajuste au bout de ces lignes 3 empiles de crin qui ont seulement 1 pied de long; chacune de ces empiles porte un hain amorcé; et on met un petit morceau de plomb au nœud qui attache les empiles avec la ligne, afin que les hains descendent dans l'eau. L'autre extrémité de la ligne est attachée à une perche légère, de 15 à 18 pieds de longueur. On jette les lignes à la mer, en tenant la canne dans la main; et presque toujours, aussitôt que l'hain est entré dans la mer, il est saisi par un maquereau. Le pêcheur s'en aperçoit par un petit mouvement que le poisson fait faire à la canne. Alors il relève promptement la ligne par le moyen de la perche, et il prend les poissons qui y restent attachés.

On amorce les hains pour cette pêche comme pour celle à la perche. L'endroit où l'on veut pêcher étant reconnu, on attache un liège à la ligne, à trois ou quatre pieds de l'hain, suivant la profondeur de l'eau, et ayant ployé la ligne en entrelas, autour du pouce et du petit doigt, on la pose, ainsi ployée, sur le plat de la main droite, et on met par-dessus le liège et l'hain garni de son appât; puis, retenant avec la main gauche le bout de la ligne opposé à l'hain, on jette de toute sa force la ligne et l'hain, pour que l'appât se trouve à l'endroit qu'on juge être le plus favorable. Alors on attache le bout de la ligne qu'on avait retenu dans la main gauche, à quelque branche d'arbre ou à un piquet, qui se rencontre au bord de l'eau.

On tend quelquefois le long d'une rivière ou au bord d'un étang, vingt ou trente bricoles semblables dont nous venons de parler; et on tient les lignes de différentes longueurs, pour que les hains ne se rassemblent pas au même endroit.

L'heure de tendre les bricoles varie suivant les saisons : en été, entre trois et quatre heures de l'après-midi; en hiver, entre deux et trois heures. On les relève le lendemain matin sur les huit à neuf heures. C'est ordinairement dans les eaux dormantes ou peu rapides qu'on tend ces piéges.

### Des Lignes simples et dormantes attachées à la circonférence d'un cerceau.

Cette façon de tendre les lignes dormantes varie beaucoup. Quelquefois on attache autour d'un cerceau un nombre de lignes ou de piles, qui portent des hains amorcés; on met sur ces lignes, à une petite distance des hains, des petits morceaux de plomb pour les faire entrer dans l'eau, et on attache au cerceau des flottes de liège, pour qu'il se tienne sur l'eau. On place aussi, à la circonférence, trois cordes qui se réunissent, comme les cordons qui soutiennent un plateau de balance. Il y a encore à ce point de réunion une flotte de liège. Enfin on met quelque part, à la circonférence du cerceau, une corde, qu'on attache au bord de l'eau, à un piquet, pour que le cerceau reste à la place où on l'a posé, à la portée des herbiers ou des crosnes. Il faut tendre ces lignes le soir, et les aller visiter le lendemain matin. Si on aperçoit qu'il y ait du poisson de pris, on approche le cerceau du bord, en tirant la corde qui est attachée au piquet, et avec une gaffe, on le soulève par les cordes, pour le porter tout à fait à terre. On remplace les appâts qui manquent, et on remet le cerceau à l'eau pour continuer la pêche.

### Lignes dormantes attachées à un plomb.

Au lieu d'être attachées à un corps flottant, ces lignes sont amarées à un corps pesant qui tombe au fond de l'eau.

Les pêcheurs ont un plomb, qui est percé à sa pointe, ou qui a en cet endroit un anneau auquel on attache une ligne, qui porte au bout opposé un plomb, une flotte de liège ou un petit fagot de roseaux secs. Ce signal sert à trouver la corde, au moyen de laquelle on retire le plomb. Autour de ce plomb sont des lignes de crin ou des empiles, qui portent des hains, et l'on ajuste à chaque ligne un petit morceau de liège, pour que les hains n'entrent pas dans la vase.

Deux heures avant le coucher du soleil, on cale le plomb au fond de l'eau, et on le retire le lendemain matin, deux heures après le lever du soleil. On concevra facilement que le plomb, par son propre poids, résiste au courant et retient les lignes.

### Pêche aux cordes.

Ces cordes sont chargées de lignes, qu'on tend dans les rivières ou les étangs, et qu'on nomme lignes dormantes. Sur une corde plus ou moins longue, suivant l'étendue de la nappe d'eau où l'on se propose de pêcher; on attache des lignes de deux ou trois pieds de longueur, et qui sont distribuées de trois pieds en trois pieds sur toute l'étendue de la corde. Ces lignes portent des hains qu'on amorce comme ceux des bricoles. On emploie pour appât des vers de terre, des chatouilles, appelées ailleurs des petites lamproies.

On prend, dans un petit bateau, cette corde garnie de lignes et de hains amorcés, et on va en attacher un bout à un pieu qu'on a enfoncé dans le fond, à un endroit que l'on juge que le poisson fréquente, soit dans les rivières, soit dans les étangs. On s'éloigne du pieu par degrés, en jetant successivement à l'eau toute la longueur de la corde. Quand on est au bout, on y attache une pierre du poids de 5 à six livres, et on la jette à l'eau. Ces cordes se tendent, le soir, deux heures avant le coucher du soleil, et on les relève le lendemain matin.

On prend à cette pêche des barbeaux, des chavannes, des perches; mais si on tendait ces cordes dans en endroit où il y eût beaucoup d'anguilles, il faudrait faire des empilages de crin, et si on se proposait de prendre des brochets, il conviendrait de les faire de laiton.

## Pêche appelée Couffe de Phalangre.

Voilà comment cette pêche se pratique : les pêcheurs ajustent des hameçons et des lignes au bord d'un panier qu'ils appellent *couffe*. Ils suspendent ce panier comme un plateau de balance, au moyen de trois cordes qui forment un cône, en venant se réunir à une quatrième corde, dont l'extrémité leur sert de centre commun.

Cette dernière a vingt-cinq ou trente brasses de longueur, et se termine par une bouée.

Les pêcheurs, dont nous venons de parler, remplissent de pierres ce panier, et le descendent à une grande profondeur en mer. De temps à autre ils le retirent pour s'emparer du poisson qui s'est laissé prendre aux hameçons, ou qui s'est atardé dans l'intérieur du panier.

### De la pêche à l'arget.

Cette pêche se fait entre les roches, sur les côtes du Poitou. On prend une baleine ou un rotin, que l'on plie de manière à lui faire prendre la forme d'une grenade, ou plutôt d'un ovale surmonté d'un angle, figuré par les deux extrémités de la baleine ou du rotin; cet angle doit être renversé. Une ligne, terminée par un plomb, traverse le sommet de l'angle et coupe l'ovale en deux parties, en même temps qu'elle dépasse la courbe inférieure qui forme sa base. Ce plomb pèse deux ou trois livres. A chaque extrémité de l'angle, ou à chaque bout de la baleine, sont attachées une ou deux piles, dont chacune porte un hameçon. On attache au bout de la ligne un fagot de roseaux, qui sert d'indicateur pour la retrouver quand on veut la retirer.

## DES PÊCHES
## PARTICULIÈRES A QUELQUES POISSONS.

### De la Pêche des Anguilles.

Les anguilles se prennent avec des vers de terre, les plus gros que l'on peut trouver, on les attache huit ou dix, les uns près des autres, au bout d'un petit cordeau qu'on tient à la main, puis on les jette dans l'eau; sitôt que les anguilles les aperçoivent, elles y accourent et prennent chacune un vers qu'elles tiennent avidement; on tire à soi le cordeau, et on amène ainsi ce poisson, dès qu'on s'aperçoit qu'il fait remuer le cordeau. Cette pêche se pratique dans un petit bateau. On peut encore attacher ces vers à des hameçons, se servir de peau de grenouilles, ou de morceaux de poisson.

Il y a des pêcheurs qui prennent des hameçons d'un bleu de mer, qu'ils font faire exprès, et auxquels ils attachent des vers. Les anguilles, attirées par cet appât, viennent en foule donner à ces hameçons, et elles s'y prennent. Ces bricoles sont formées de plusieurs lignes.

## Pêche des Anguilles dans les rivières, à la nasse.

Les osiers qui composent la nasse doivent être proportionnés à la grosseur du poisson qu'on se propose de pêcher; mais il faut que ces osiers soient bien près à près; car sitôt que les anguilles peuvent introduire leur queue ou leur tête, elles forcent tellement, qu'elles font plier les osiers, et elles ne manquent pas de s'échapper. Pour mieux retenir le poisson, on fait un vrai goulet à la nasse, qui a quatre anses: les deux d'en bas servent à attacher des pierres qui la font caler, et les deux d'en haut à attacher les cordes qui servent à la relever.

On met pour appât dans les nasses, des limaçons, des moules ouvertes, des vers de terre, des grenouilles déchirées, du foie et de la chair de différents animaux. L'anguille tourne autour de la nasse pour trouver l'appât qui y est suspendu, entre dans les goulets et se trouve prise. On tend un grand nombre de nasses dans les herbiers, auprès des crosnes et des sourives; on les relève tous les jours, ayant soin de renouveler les appâts.

Le temps le plus favorable pour cette pêche est lorsqu'il fait chaud, et que le temps est disposé à l'orage.

### De la manière de prendre les Anguilles à la fouine.

Lorsqu'on veut pratiquer cette pêche, on se promène le long des eaux où on sait qu'il y a des anguilles; on fiche cet instrument jusqu'au fond de l'eau, et de côté et d'autre, faisant comme si on voulait fouiller pour en faire sortir le poisson. Quand cette machine est bien maniée, et qu'il y a des anguilles où on la fait agir, elles se prennent entre les branches.

### Pêche des Anguilles à la javelle.

Vous prendrez du sarment dont vous ferez une javelle, que vous nouerez par les deux bouts fort au large; vous les jetterez ensuite dans l'eau, avec une grosse pierre ou un pieu, auquel vous l'attacherez, et la laisserez pendant une nuit ou deux dans l'eau. Vous n'aurez ensuite qu'à le tirer de l'eau; vous trouverez des anguilles, entrelacées dans la javelle, prises par les dents, qu'elles n'auront pu retirer du bois de sarment après l'avoir mordu.

**Pêches des Anguilles à pied sur les vases.**

Dans le Morbihan, amirauté de Vannes, et sur plusieurs autres côtes vaseuses, les pêcheurs vont de basse-mer, étant presque nus, avec un bâton à la main; ils parcourent les vases, et ayant aperçu des trous qui sont évasés comme un petit entonnoir, ce qui indique que les anguilles se sont enfoncées dans la vase en ces endroits, ils émouvent le fond par l'ébranlement de leur corps, ce qui fait sortir les anguilles; ils les assomment avec leur bâton, ou ils les retirent à la main, les étourdissent et même les tuent en les frappant avec leur bâton. Cette pêche ne laisse pas d'être avantageuse, quand on la fait sur des vases fort étendues.

**Pêche des Anguilles et des Poissons plats.**

Ceux qui vont faire cette pêche ont à la main une fouine, qui a trois, cinq ou six branches, emmanchées au bout d'une perche longue de cinq à six pieds, et pour se soutenir sur les vases, ils ajustent, sous chacun de leurs pieds, un chanteau du fond, d'une barrique, pour ne pas s'enfoncer dans la vase. Lorsque la marée est en partie retirée, ils vont le long du rivage, et lancent de temps en temps au hasard leur fouine, qui ramène les poissons qu'ils ont piqués.

La fouine de la baie Saint-Cado, près Vannes, est un trident; elle sert à prendre des poissons plats et des ronds.

Dans le Morbihan, les fouines pour les anguilles ont six à sept branches, longues de quinze à dix-huit pouces, qui se réunissent à une douille qui reçoit une hampe de dix à douze pieds de long.

A Narbonne on se sert d'une épée pour faire la pêche des anguilles et autres poissons qui s'envasent. Cette pêche, qui se fait dans la belle saison, est assez usitée le long des étangs salés, à un pied et demi d'eau, tout au plus. On pique aux endroits où l'on voit remuer dans la vase.

Il se fait d'autres pêches à la fouine et au feu pendant les nuits obscures, armé d'un trident.

## De la manière de pêcher le Chabot.

Dans les jours les plus chauds ce poisson se rassemble par douzaine sur la surface de l'eau. Il faut ramasser dans la prairie 2 ou 3 sauterelles, ensuite on va se placer doucement derrière un arbre, sans faire le moindre mouvement possible; on attache les sauterelles à l'hameçon que l'on laisse pendre à un 1/4 de verge de l'eau en assujétissant la canne à quelque branche de l'arbre; il est vraisemblable que le chabot plongera au fond de l'eau à l'aspect de l'ombre de la canne;

car c'est le plus craintif des poissons, et l'ombre d'une mouche même le ferait fuir; mais bientôt il remonte sur l'eau; alors on laisse tomber doucement son hameçon sur l'eau, 3 ou 4 pouces devant celui qu'on veut attraper, et il s'y prend très-facilement.

Au défaut de sauterelles, un limaçon noir, ou un morceau de fromage doux pourra servir; un ver ou toute espèce de mouches, telles que la fourmi ailée, le bourdon, l'escargot qu'on trouve sur le fumier de vache. On peut attraper la truite de cette manière.

Il est à remarquer qu'à l'égard de ce poisson, on n'amorce, en mars et avril, qu'avec des vers; en mai, juin et juillet, avec des mouches quelconques, ou des cerises, ou des bourdons avec leurs ailes ôtées, des colimaçons, l'abeille noire qui pend dans les murs d'argile, l'humble abeille que les faucheurs trouvent dans l'herbe longue; en août, et durant les mois les plus froids, une pâte jaune faite avec le plus fort fromage, pilé dans un mortier avec un peu de beurre et du safran, de manière à la rendre couleur de citron.

Dans les temps chauds on doit le pêcher vers le milieu de l'eau ou à la surface, et dans les temps froids, presqu'au fond.

## Pêche de la Truite.

Les truites se pêchent dans les ruisseaux ou petites rivières, même dans les étangs alimentés par des sources d'eau vive. On les prend ordinairement avec un ver ou un petit poisson minon, ou avec une mouche, soit naturelle, soit artificielle. Il existe une infinité d'espèces de vers, les uns vivent dans la terre, les autres dans les plantes, d'autres prennent naissance dans les excréments ou dans le corps des créatures vivantes, comme dans les cornes du mouton ou du cerf, quelques-uns dans la chair morte.

Plusieurs de ces vers sont bons pour certains poissons, mais le ver de rosée est préférable pour la grosse truite; il y en a qu'on nomme queue d'écureuil; ce ver a une tête rouge, une raie le long du dos, une queue large; ces vers sont considérés comme les meilleurs, parce qu'ils sont les plus forts et les plus vifs, et vivent long-temps dans l'eau; car il faut savoir qu'un ver mort est un appât à peu près inutile, et qu'on réussit rarement avec ce dernier comparativement avec un ver bien vif. Le ver de rosée est un excellent appât pour le saumon.

Pour se procurer le ver du chêne, il n'y a qu'à secouer l'arbre où il se trouve, sur un grand chemin ou dans un lieu retiré, et ils tomberont sur vous en quantité. On doit avoir la précaution de les mettre toute la nuit dans l'eau, si ce sont des vers de rosée, et ensuite dans un sac avec du fenouil.

Pour trouver le ver de marécage, il faut aller au bord d'un vieil étang, arracher quelques joncs, ensuite secouer les racines, on apercevra des espèces de petites bourses ou cases, d'une couleur rougeâtre ou jaunâtre, qu'on ouvre soigneusement avec une épingle, et l'on en tire un petit ver pâle, jaune ou blanc, dont la tête est rouge et verte, garni d'une rangée de pieds : c'est le ver de jonc. Appât excellent pour l'ombre, la tanche, la brême, la carpe, le rouget et la vaudoise ou dard.

### De la Ligne courante pour la Truite.

Lorsqu'on se dispose à pêcher la truite avec une ligne courante, tout près de terre, on attache un gros ver de rosée à l'hameçon vers le milieu, et on le fait ressortir un peu au-dessus.

Remarquez qu'il ne faut pas faire entrer l'hameçon du côté de la tête du ver, mais du côté de la queue, ainsi que la pointe de l'hameçon. Cette ligne est ainsi appelée, parce que le pêcheur en fait le mouvement sur le bord de l'eau. Il faut alors que la ligne ait du plomb en raison de la force du courant et de la rapidité de la rivière dans laquelle on pêche pour faire aller l'hameçon amorcé jusqu'au fond, et lui laisser encore assez de mouvement.

Nous citerons ici l'auteur anglais, dans une pêche de truites qu'il se chargea de faire pour milord..., un de ses amis.

Walton, vers le coucher du soleil, alla à sa porte pour voir ce que le temps promettait ; il fit aussitôt réponse qu'il ne doutait point d'en être pourvu au temps marqué. « Je me rendis, dit-il, d'abord à la « rivière, l'air devenait sombre; je jetai une ligne na- « tée de trois soies et de trois crins dans la partie la « plus haute, et une de deux crins et de deux soies

« pour la partie la plus basse, avec un hameçon grand « et fort. J'amorçai d'abord mon hameçon avec deux « vers de prairie, les quatre bouts pendant aussi bien « que je pus deviner dans l'obscurité; et je commençai « à pêcher. Le temps s'obscurcissait encore, de ma- « nière que j'avais beau jeu de pêcher sur la surface « de l'eau avec mes vers comme je le fais ordinaire- « ment avec des mouches. On voit bientôt monter sur « le haut de l'eau, alors il faut laisser aller la ligne « lâche au fond de l'eau aussi près que possible, en- « suite tenir votre ligne droite en sautant, le poisson « mord; donnez-lui le temps, il n'y a pas de crainte « de le perdre, car il n'y en a pas un sur vingt qui « rende l'amorce, le moindre coup que vous puissiez « donner, attache l'hameçon et rassure votre proie : en « laissant le poisson faire un tour ou deux, vous pou- « vez le prendre avec les mains. Comme le temps « commençait à s'éclaircir, j'ôtai les vers et mis à « leur place une mouche blanche; lorsqu'il fit plus « clair, j'en mis une rouge, et tout-à-fait jour, j'y en « plaçai une noire, et j'eus beau jeu jusqu'au soir. « Mon plat de poisson fut complété. »

Ces trois mouches avec les vers servent pour pêcher toute l'année pendant la nuit, observant les variations de la lumière, la mouche blanche pour l'obscurité, la mouche rouge pour le médium, la mouche noire pour le grand jour.

Walton observe qu'il ne faut pas se servir d'une trop longue ligne comme la plupart le font; et avant de commencer à pêcher, il faut se placer de manière à avoir le dos tourné au vent, le soleil devant vous, pêcher au bas du courant, et porter le point du haut de votre ligne incliné en bas, afin que votre ombre ou celle de la ligne n'effraie pas le poisson, qui est très-peureux.

## De la pêche de l'Ombre.

L'*ombre* parvient à peine à la grosseur d'une *truite* : le plus gros de ce poisson n'excède ordinairement pas dix-huit pouces. Il vit dans les mêmes eaux que la *truite*, se prend avec des amorces et de la même manière ; il est infiniment plus joueur, plus simple, et conséquemment plus hardi ; car il est dans le cas de s'avancer vingt fois après une mouche, si vous le manquez, et d'y revenir encore. Il se prendra aisément avec une mouche à peu près semblable au cousin, ou même avec toutes espèces de mouches, pourvu qu'elles ne soient pas trop grosses.

Ce poisson se tient retiré pendant l'hiver, mais il est très-gai, et rarement après le mois d'avril et dans les temps chauds.

Sa forme est très-belle ; ses dents très-petites, sont placées dans son gosier; il a la bouche si tendre, que l'hameçon a beaucoup moins de prise sur lui que sur les autres, et que l'on le perd le plus souvent

Ce poisson fraie assez généralement au mois d'avril. Lorsqu'il séjourne dans les courants rapides, les appâts pour les prendre sont à peu près les mêmes que ceux pour la truite. Quant aux mouches, on ne saurait en choisir de trop petites. L'Ombre étant beaucoup plus sujet à monter qu'à descendre, il vaut mieux faire usage du liége à l'hameçon de six à neuf pouces de fond, que de la ligne ambulante.

### De la Pêche du Saumon.

Rarement le saumon, de sa nature, reste en place, comme la truite; il cherche à remonter du côté de la source : il ne se tient pas, comme la truite et d'autres poissons, près du bord des rivières ou des racines d'arbres, mais il nage dans la partie la plus profonde et la plus large de l'eau, ordinairement dans le milieu et près de terre; c'est donc là qu'il faut le pêcher de la même manière que la truite, avec un ver, un minon ou une mouche.

On a remarqué qu'il mord plus rarement à un minon, et pas ordinairement à une mouche, mais plutôt à un ver. Un ver de jardin, par exemple, qui aura été bien nettoyé, c'est-à-dire gardé sept à huit jours dans la mousse, et si on double le temps, les vers seront encore meilleurs; ils resteront davantage sur l'hameçon.

« J'ai été, dit Walton, à la pêche à la ligne avec « Olivier Henley, pêcheur très-renommé, et j'ai re« marqué qu'il prenait ordinairement trois ou quatre « vers de son sac, et qu'il les mettait dans une petite

« boîte dans sa poche, où il les laissait une demi-
« heure au plus avant de les mettre à l'hameçon. Je
« lui en demandai la raison ; il me répondit que c'était
« seulement pour choisir les meilleurs et les avoir tout
« prêts pour s'en servir la fois d'après ; mais on a ob-
« servé qu'il prenait toujours beaucoup plus de pois-
« sons, et surtout de saumons, que qui que ce soit qui
« l'accompagnait ; et j'ai su depuis, par un de ses amis
« intimes, que la boîte dans laquelle il mettait ses
« vers, était ointe de quelques gouttes d'huile de graine
« de lierre, faite par l'expression ou par l'infusion ;
« que ces vers, en restant quelque temps dans cette
« boîte, prenaient une espèce d'odeur extrêmement
« attrayante pour les poissons qui les forçaient à mor-
« dre. Je n'ai point essayé ce moyen, mais je le crois
« probable. Gessner dit que la loutre sent dans l'eau,
« pourquoi le poisson ne sentirait-il pas aussi ? Je laisse
« aux amateurs de la pêche ou à ceux qui désirent les
« progrès de cet art, à approfondir le degré de vérité
« que renferme cette observation.»

### Pêche du Brochet aux hameçons.

Il faut choisir deux hameçons un peu forts, afin qu'ils puissent résister aux secousses du brochet ; il suffit de les tendre. L'appât qu'on met ordinairement est composé de grenouilles et de goujons.

### Pêche du Brochet au collet de crin.

On prend une perche d'un bois léger, qui ait environ neuf pieds de longueur; on attache au bout de cette perche un collier de crin de cheval en six doubles, et on l'ouvre le long de la perche, et non en travers.

Si le temps est serein et que l'eau soit limpide, on se promène le long de la rivière; on verra alors le poisson dormant, et on pourra en approcher en silence, pour ne point l'éveiller, jusqu'à ce qu'on soit à portée de le toucher avec la perche.

Quand l'artifice a réussi, on passe au brochet le collet et son nœud coulant, et on enlève le tout d'un coup hors de l'eau.

Cette pêche a cela de particulier, c'est que le brochet ne s'échappe point, quoiqu'on le touche ; il ne s'enfuit que lorsqu'il entend du bruit. S'il arrivait que le poisson endormi ne fût pas bien tourné, on peut le toucher doucement du bout de la perche, et il se placera au gré du pêcheur, sans s'épouvanter.

On fait usage de cette pêche depuis le mois de février jusqu'au mois d'août.

### Pêche du Brochet à la ligne volante.

Prenez une perche de douze à quinze pieds de long, et un peu plus grosse que le pouce, attachez- au milieu une ficelle et l'entortillez tout autour jusqu'au bout ; ce qui en restera doit être de trois toises. A l'extrémité de la ficelle doit être l'hameçon; on y joint du poisson pour servir d'appât; et on l'arrange de manière que le bout du chaînon passe par-dessous l'ouïe et qu'il sorte par la gueule jusqu'à ce que la pointe du crochet de l'hameçon entre un peu dans le corps, par-dessus l'écaille.

On met à deux pieds de distance un morceau de plomb de la grosseur d'une noix, qu'on attache à une ficelle pour que l'appât enfonce dans l'eau. Ensuite votre perche à la main, vous jetez votre ligne avec fòrce, vous vous promenez sur le bord du rivage, et vous agitez de temps en temps votre ligne, pour faire remuer votre poisson, comme s'il était vivant.

Il ne faut pas trop se hâter de tirer la ligne, dès que le brochet touche à l'amorce; il faut cependant lui laisser le temps de l'avaler, pour jouir en sûreté de sa proie.

Quelques pêcheurs se servent pour appâts de grenouilles au lieu de poisson : ce divertissement peut se prendre à toute heure; il est cependant plus avantageux de faire cette pêche le soir, avant que le soleil se couche, ou le matin, deux heures après son lever.

**Pêche du Brochet aux bricoles.**

Au milieu de la ficelle qui tient l'hameçon, on attache un morceau de liége percé par le milieu; ce liége se met à trois ou quatre pieds proche de l'appât, plus au moins, selon la profondeur de l'eau. Il sert à tenir l'appât entre deux eaux, quand on a jeté la ligne. Au lieu de liége on met quelquefois un morceau de jonc plié en quatre ou cinq doubles; le poisson, qui y est accoutumé, s'en effarouche moins.

Lorsqu'on tend les bricoles dans une eau courante, on attache une pierre à deux ou trois pieds au-dessus de la ficelle, afin d'empêcher la ligne d'être emportée par le courant.

Ensuite on met à l'hameçon un carpeau ou des perches; dans ce dernier cas, on doit leur couper l'aileron de dessus le dos, parce que ses piquants empêchent le brochet de mordre à l'appât.

Lorsque la rivière est peu considérable on jette la ligne, le liége et le poisson le plus loin qu'on peut; si elle est navigable, on se met dans un bateau et on conduit les bricoles au milieu de l'eau.

En été, on tend ses bricoles vers les trois à quatre heures de l'après-midi, en hiver, à trois heures. On laisse son hameçon pendant la nuit, et le lendemain on retire le fruit de sa pêche.

**Pêche du Brochet à la turlotte.**

La turlotte est une espèce de ligne volante; cette sorte de pêche se pratique en se promenant sur le bord de l'eau, sans être obligé d'attendre que le poisson vienne s'accrocher à l'amorce qu'on lui tend.

On prend un hameçon et un bout de fil d'archal jaune, de la grosseur d'une fine épingle, qu'on plie en deux, qu'on tortille de manière qu'on fasse un petit chainon, au bout duquel on laisse un petit anneau. Pour les deux extrémités du fil d'archal, on les attache à la queue de l'hameçon avec de la soie.

On fait ensuite un cornet d'un gros carton ou de terre de potier, dont le dedans n'ait que la largeur d'un tuyau de grosse plume et la longueur du petit doigt, on passe au travers du cornet l'hameçon attaché au fil d'archal, et on fait en sorte que toute la queue de l'hameçon, depuis l'endroit qui est vis-à-vis le crochet et environ la longueur d'un travers de doigt du chainon soit caché dans le cornet ; on remplit le cornet de plomb fondu, en tenant l'hameçon par le bout du chainon, afin que ce qui doit être enchassé se trouve au milieu et enveloppé également partout.

On arrondit après les deux extrémités du plomb, et on se munit d'un fer de la longueur de quatre pouces, fait de manière qu'on puisse faire entrer dans la queue le bout du bâton de la longueur d'une canne, et qu'il y ait au bout un petit anneau par lequel on puisse faire passer la ficelle.

La ligne faite, on prend un goujon, on lui passe le chainon dans la gueule et dans le corps, par l'anneau qui doit ressortir au dos du poisson. On fait en sorte qu'il avale tout ce qui est couvert de plomb, et on l'attache avec du fil au-dessus des ouïes, au milieu du corps et au-dessus de la queue.

## Pêche de la carpe à la ligne.

On prend des hameçons d'acier et des lignes de soie verte, de la grosseur d'une quatrième corde de violon : on les attache à des gaules d'un bois pliant qu'on ente dans un sureau; et on met à cette ligne un morceau de liége éloigné de l'hameçon et de l'appât, au moins d'un pied : car sans cela la carpe verrait l'hamecon, et ne mordrait pas.

Voici les principaux appâts dont on fait usage dans la pêche des carpes.

On prend du marc de chenevis environ une livre, deux onces de momie, autant de sain-doux, d'huile de héron et de miel; une livre et demie de pain blanc rassis, et quatre grains de musc : on mêle le tout ensemble, on en fait une espèce de pâte qu'on coupe par morceaux, et ces pillules servent pour garnir l'hamecon.

Voici une autre recette : prenez de la chair de héron mâle ou femelle, mettez-la dans une bouteille, enterrez-la dans du fumier chaud, et laissez l'y reposer quinze jours ou trois semaines, jusqu'à ce qu'elle se change en huile : tirez alors cette bouteille et tenez-la bouchée de crainte que sa liqueur ne s'évapore : quand vous voudrez pêcher, prenez de la mie de pain et du chenevis, pilez le tout ensemble, imbibez-le de votre huile, et faites-en un corps que vous partagerez ensuite en petites pastilles.

Une des méthodes les plus sûres est d'amorcer son hameçon à l'ordinaire, et de le frotter souvent avec une composition faite avec deux grains de musc, quatre gouttes d'huile d'aspic et autant de momie et de camphre.

Quand les carpes se sentent prises et qu'elles sont fort grosses, les secousses extraordinaires qu'elles donnent peuvent briser la ligne : voici comment on remédie à cet inconvénient ; on fait sa ligne de cinq à six toises plus grande qu'à l'ordinaire, on l'entortille autour de la gaule, et on ne laisse que ce qu'il en faut pour pêcher d'abord : quand le poisson est pris, et qu'il fait effort pour se dégager, on ne lutte point contre lui, mais on détortille peu à peu la ligne, et on lui laisse la liberté de se promener : il ne tarde guère alors à se noyer.

Si la carpe est si monstrueuse, qu'on n'espère rien de cette dernière ruse : on aura recours à une autre un peu compliquée. On donne à la ligne six toises de longueur de plus qu'à l'ordinaire, on la tourne plusieurs fois autour du bâton, et on l'arrête à l'extrémité qui regarde l'hameçon : on prend ensuite un petit bâton long de quatre pouces, et fendu par les deux bouts, et on le place au bout du bâton où la ligne est arrêtée par un morceau de baleine : on fait entrer le cordon de la ligne dans une des fentes du petit bâton, et on le dévide au milieu, de manière qu'il n'en reste que ce qu'il en faut pour pêcher à la ligne commune : enfin on fait entrer le même cordon dans l'autre fente du bâton, on met l'appât, et on pêche : ce qui sera plié sur le petit bâton ne se défera point, que lorsque la carpe sera prise et qu'elle fera des efforts pour se dégager.

**Pêche de la carpe à la truble.**

La truble est une espece de filet très-connu et à qui on donne au moins deux pieds de profondeur. On l'emploie avec la ligne : mais les précautions sont différentes.

On choisit pour cette pêche un endroit uni, sans pierres, et dégagé d'herbes : on a soin surtout que le lieu soit accessible aux carpes, et que les bords n'en soient pas escarpés : on a soin quatre ou cinq jours de suite de l'apprêter soir et matin avec des fèves cuites, dont voici la préparation :

On prend le quart d'un boisseau de fèves et on les fait tremper dans l'eau sept ou huit heures, on les met dans un pot neuf vernissé en dedans avec de l'eau de rivière, et on les fait bouillir jusqu'à ce qu'elles soient à moitié cuites : on y mêle ensuite trois ou quatre onces de miel, deux ou trois grains de musc, et la grosseur de deux fèves d'aloës, citrin en poudre; et on achève de faire cuire la composition.

On choisit ses plus grosses féves pour mettre à l'hameçon, de manière qu'il soit caché en entier, excepté la pointe.

Le pêcheur doit avoir sa truble auprès de soi quand il jette sa ligne ; et lorsqu'il voit approcher la carpe, il met le pied sur la ligne, et plonge le filet dans l'eau, le glisse sous la carpe, le lève et y trouve le poisson renfermé.

**Pêche des carpes au tramail le long des crônes.**

Les crônes sont des cavernes où le poisson se retire quand il entend du bruit.

Il faut connaître parfaitement une rivière pour savoir où sont les meilleurs crônes : quand on en soupçonne un, il faut le sonder : car il s'y trouve quelquefois des obstacles à la tenture du filet, tels que des arbres renversés.

On enfermé le crône par un ou plusieurs cramails : ces filets se tendent par le moyen de plusieurs perches de saule ou d'autres bois, pourvu qu'il ne soit pas blanc ; car le poisson, à sa vue, prendrait l'alarme. Ces perches doivent être grosses comme le bras, pointues par le gros bout, bien droites et d'une longueur proportionnée à la profondeur de l'eau.

On pique ces perches dans l'eau, le long des bords de la rivière, à six pieds l'une de l'autre, en observant surtout que pas une ne se trouve à l'entrée des crônes, ce qui effraierait le poisson. Après les avoir plantées avec force, on les arrête par le haut avec une corde attachée à un arbre, s'il s'en trouve, ou à un piquet qu'on plantera : ces perches doivent être percées à fleur d'eau d'un trou, de la grosseur du petit doigt, qui servira à mettre une cheville de bois vert, et longue d'un demi pied. A Chaque bout des chevilles sera une coche, pour y attacher une ficelle un peu forte, longue d'un pied ou environ : ces ficelles et ces chevilles servent à tenir attachée une corde qui traverse les perches.

Après tous ces préparatifs, le pêcheur prend ses tramails ; il les déploie et les tend à fleur d'eau sur le bord de la rivière, de manière que le plomb touche au dessus des crônes, afin de les enfermer.

On doit remarquer que les chevilles dont on a parlé, doivent jouer dans leurs trous, afin qu'en tirant la corde qui les retient, elles en sortent aisément, et donnent la liberté aux filets de s'étendre pour fermer le passage des crônes : effet qui doit arriver lorsque la corde où est attaché le plomb du filet, tombe tout d'un coup. On doit aussi faire attention que les perches soient préparées huit jours auparavant, afin que le poisson s'accoutume à les voir.

Quand le filet est tendu, on porte le bout de la grande corde qui traverse les perches, et qui tient aux chevilles, à l'autre bord de la rivière, et on l'attache à un piquet. On cherche ensuite une place nette d'herbes, afin que la carpe puisse voir l'appât qu'on lui jette, et cette place doit être éloignée des crônes de cent ou deux cents pas. C'est sur les cinq ou six heures du soir, pendant sept ou huit jours qu'on doit appâter les carpes avec des fèves, préparées comme nous l'avons déjà dit.

La veille du jour que les pêcheurs doivent tendre leurs filets, au lieu de jeter simplement l'appât composé, ils ne feront pas mal d'y insérer, avant de le tirer du feu, la grosseur de deux fèves de poudre d'aloës critin, qu'ils laisseront bouillir: cette préparation fait vider le poisson, et le rend affamé pendant deux ou trois jours; ce qui l'oblige de sortir de bonne heure des crônes.

Le moment propre pour cette pêche est sur les trois heures de l'après-midi; pour y réussir, ont doit être plusieurs de compagnie; l'un se tient sur le bord où le filet n'est point tendu, pour y tenir la corde qui est attachée, tandis que les autres vont, sans faire de bruit, au-dessus de l'endroit appâté pour y frapper l'eau avec des perches, et fouiller le long des bords pour obliger le poisson de se retirer dans son asyle.

Un des pêcheurs donne le signal convenu; aussitôt l'un tire le tramail, et les autres frappent la rivière: la corde où les plombs sont attachés, tombe alors au fond de l'eau, et le filet ferme l'entrée des crônes. Le poisson qui veut se sauver dans sa retraite, donne dans le piège, et l'on sait ensuite l'en tirer. On trouve quelquefois dans le tramail d'autres poissons que la carpe, et la pêche n'en est pas pour cela moins lucrative.

### Pêche de la carpe au tramail dans les rivières sans crônes.

Il y a des rivières sans crônes, et d'ailleurs si garnies de grandes herbes, de petits rochers et d'arbres renversés, que la pêche semble impraticable. Pour obvier à cet inconvénient, il faut nettoyer une place de trente à quarante pas, et l'appâter avec des fèves cuites avec l'aloës : le premier jour où l'on met cet appât, on plante sur le bord plusieurs perches éloignées l'une de l'autre de six pieds, qui aient toutes les qualités que nous avons exigées dans celles qui servent à la pêche précédente. Lorsque le travers de l'eau est ainsi bordé de filets, on en fait autant au-dessous, suivant l'étendue de la place nettoyée; ces perches doivent être comme dans l'article précédent percées à fleur d'eau et garnies de chevilles.

Quand tout est préparé, on va sur les sept heures du soir jetter le reste des fèves dans le milieu de la place nettoyée; et dès qu'il fait nuit, quatre personnes s'avançent en silence et se placent vis-à-vis, deux d'un côté et deux d'un autre, observant surtout de ne point approcher du tramail, au moins de douze pieds, avant que le signal soit donné par celui qui doit faire jouer le filet.

Quand les quatre personnes sont bien disposées, le

maître pêcheur prend les deux bouts des cordeaux des chevilles qui sont attachées à un des iquets, et en courant les tire de force ; cet effort arrache toutes les chevilles, le filet s'étend, et enferme tout le poisson qui sera accouru pour manger l'appât.

Dès que la corde est tirée, le signal se donne, et les quatre associés courent aussitôt, chacun avec une perche et ajustent le bout du filet proche le bord, afin que rien ne puisse passer, et que les cordes soient sur chaque ligne qui se trouve au bas de chaque filet. Par ce moyen, le poisson reste enfermé entre les deux tramaux, comme dans une cage.

Il reste encore le moyen de le saisir, et voici comme on s'y prend. Deux hommes prennent chacun un bout d'un des filets, et l'approchent peu-à-peu de l'autre, pendant que les autres, avec des perches, foulent le fond de l'eau et le long du rivage, pour que le tramail ne passe point par-dessus le poisson, et pour l'obliger à fuir vers l'autre filet. On continue cet exercice jusqu'à ce que les deux filets soient proches l'un de l'autre, et que le poisson s'y trouve renfermé comme entre deux nappes pliées en double. Ensuite on retire le tout hors de l'eau. Cette pêche ne peut se faire utilement que dans un endroit où l'eau soit calme et tranquille ; un courant rapide empêcherait les filets de s'étendre et de se tenir en état sur les chevilles.

**Pêche des carpes avec une chaloupe submergée.**

On prend une vieille chaloupe qu'on remplit de bran

chages et de bois d'ancienne palissade, et on la fait descendre au fond de l'eau où elle doit rester trois mois sans qu'on y touche. L'eau doit être assez profonde pour que le poisson puisse entrer dans cette chaloupe sans être vu : la carpe ordinairement choisit un tel endroit pour y faire son asyle. Quand le jour de la pêche est arrivé, on prend deux autres bateaux auxquels on attache, avec des cordes, la vieille chaloupe : on la retire du fond de l'eau et on la conduit sur un des bords de la rivière où l'eau soit si peu profonde, qu'on puisse vider la chaloupe, sans y laisser entrer l'eau de la rivière. On ôte ensuite tout le bois qu'on y a rassemblé, et on prend les carpes qui sont au fond : on prétend qu'on peut par cette industrie, pêcher à la fois jusqu'à cent carpes, toutes grosses ; les petites n'y entrent jamais. Cette pêche se fait dans un étang aussi bien que dans une rivière.

### Bombardement des Carpes.

Après avoir épuisé toutes sortes d'artifices pour la pêche des carpes, on a recours à l'artillerie, et cet élément destructeur qu'on a employé contre le genre humain, devient fatal au sein des eaux à ses timides habitants.

On choisit un endroit de rivière ou d'étang où l'eau forme une espèce de bassin, dégarni de joncs et de racines d'arbre, qui pourraient nuire aux filets. On prend un petit bateau, et par son moyen, on entoure le bassin de filets, dont le plomb touche le fond à l'ordinaire, et dont le dessus se soutienne sur l'eau par le secours des morceaux de liége qui y sont attachés. On prend ensuite quinze ou vingt bombes ou pétards ordinaires, auxquelles on attache des pierres, afin de les faire couler à fond; on les allume, et on les jette dans les bassins promptement les unes après les autres. Leurs éclats troublent l'eau si étrangement que la carpe s'épouvante; mais contrainte de chercher un air plus pur, elle monte et donne dans le filet où les pêcheurs la saisissent. Par cet artifice on peut prendre d'un seul coup de filet jusqu'à soixante carpes. Toute sorte de temps n'est pas favorable pour cette pêche, et on y réussit beaucoup mieux quand le ciel est serein, que quand il est orageux.

### Pêche amusante de la Carpe et d'autres Poissons dans les étangs.

Lorsqu'il fait du vent, on attache à une vessie remplie d'air, ou à un fagot de roseaux secs, ou à une bouée de liége, une ligne garnie de hains amorcés. On attache de plus une ficelle ou corde menue, à ces corps flottants; on les expose sur l'eau, le vent les met au large avec les lignes qui y sont attachées, et on file la corde. Dès qu'on s'aperçoit que les poissons sont pris, ce qu'on reconnaît aux mouvements de la vessie ou d'autres corps flottants, on tire la ficelle et on amène le poisson à terre.

## Pêche de la Brême.

Il y a plusieurs appâts très-bons pour attraper la brème : 1. La pâte faite avec du pain bis et du miel, ensuite diverses espèces de petits vers ou des mouches; l'on en peut trouver aux racines des joncs qui croissent près du rivage , mais le meilleur de tous est celui-ci, que je tiens d'un excellent pêcheur. (C'est Walton qui parle).

« Choisissez pour votre amorce un ver rouge aussi » gros que vous le pourrez trouver; tâchez de ramasser une certaine quantité de ces vers à une promenade du soir, dans un jardin ou lieu semblable, » après une ondée de pluie; mettez-les dans un pot » de terre avec de la mousse fraîche, bien lavée et » nettoyée avec de l'eau, et ensuite bien pressée entre les mains pour en faire sortir toute l'eau et la » laisser aussi sèche que possible, et changer la mousse » tous les trois à quatre jours, pendant trois semaines » ou un mois, alors vos appâts seront très-bons; vos » amorces ainsi préparées, apportez votre brayer pour la » pêche. Prenez trois longues cannes à pêcher, des » lignes de soie ou de crin, des grands lièges ou » tuyaux de plume de cyne ou d'oie; prenez ensuite » un morceau de plomb, et attachez-les à la partie » inférieure de vos lignes; attachez ensuite votre hameçon et chaînon, ainsi que le plomb, de manière » qu'il se trouve environ dix-huit pouces ou un pied

» entre le plomb et l'hameçon : notez qu'il faut que » le plomb soit assez pesant pour enfoncer le liège un » peu sous l'eau, et non pas que le liège soit assez » fort pour supporter le plomb, car il doit rester sur » la terre ; vos lignes et hameçons préparés, vous » vous rendez à l'endroit où vous avez vu du poisson, » vers les trois ou quatre heures de l'après-midi en » été ; vous pourrez remarquer que, pendant qu'une » partie de la bande cherche sa nourriture au fond, » une ou deux carpes restent en sentinelle sur la » surface de l'eau : c'est vers le milieu de la rivière, » dans un fond clair et un terrain convenable ; prenez » une de vos lignes apprêtées, qui doit avoir huit ou » dix pieds du rivage ; considérez ensuite si le lende-» main matin l'eau est baissée par quelques causes » particulières ; prenez la profondeur du lieu où vous » avez l'intention de jeter vos appâts de fond et de » pêcher à un demi-pouce, afin que le plomb étant » proche de l'appât de fond, le haut de la flotte de » liège puisse seulement paraître droite un demi-pouce » au-dessus de l'eau. »

Vous prendrez la quatrième partie d'un poisson ou un picotin d'Angleterre, selon la profondeur et la force de l'eau où vous devez pêcher, de la drèche ; faites-la cuire dans un vase, un ou deux bouillons, c'est assez : passez-la ensuite à travers un sac dans un seau ou baquet (cette liqueur fait du bien aux chevaux) ; lorsque le sac et la drèche sont presque froids, emportez-les à la rivière vers les neuf heures du soir, pas avant; jetez vos appâts de fond en deux parties, en les pressant fort dans vos mains, ils iront de suite au fond, et sûrement resteront dans le lieu où vous voulez pêcher. Si le courant est rapide et l'agite un peu, jetez alors votre drèche en poignées un peu plus haut en montant le courant. Vous pouvez presser la drèche dans vos mains de manière à ce qu'elle soit assez ferme pour que l'eau ne la sépare presque point en tombant. Ceci arrangé, vous laissez votre sac et tout votre bagage pendant toute la nuit, et le lendemain, vers les trois heures du matin, vous venez visiter le lieu appâté, non pas de trop près, car ils ont des sentinelles vigilantes.

Prenez alors une de vos trois perches amorcées et la jetez sur vos appâts de fond, et retirez-la doucement, secrètement jusqu'à ce que le plomb demeure à peu près au milieu des appâts de fond.

Prenez ensuite une seconde ligne et jetez-la à peu près une verge plus haut que la première, et votre troisième une verge au-dessous de la première; mais éloignez-vous tellement du côté de l'eau, que vous n'apperceviez que les liéges que vous devez guetter avec beaucoup d'attention; car lorsque quelque chose mordra, vous apercevrez le haut de votre liége enfoncer tout-à-coup dans l'eau: néanmoins ne vous hâtez pas trop de courir à vos cannes, jusqu'à ce que vous voyez que la ligne s'en éloigne. Alors glissez-vous jusqu'au bord de l'eau, et donnez autant de ligne que vous le pourrez; si c'est une bonne carpe ou brème, elle ira le plus loin possible de l'autre côté de la rivière ; frappez alors doucement et tenez votre canne penchée un peu de temps; mais si vous tirez toutes deux ensemble, vous êtes sûr de perdre votre proie ; car la ligne ou l'hameçon rompra; après que vous les aurez fatiguées un peu, cela vous procurera de l'amusement de voir avec quelle peine elle se laisse tirer. La carpe est plus courageuse que la brème.

### Observations sur cette pêche.

Il y a beaucoup de choses à observer dans cette espèce de pêche ; mais l'expérience en apprendra plus à cet égard que tous les discours. Cependant il est nécessaire de vous avertir qu'il faut avoir soin de faire attention si des brochets ou des carpes habitent cette rivière, parce que sûrement ils seront les premiers pris, et comme ils sont très-gros, ils feront du dommage à vos appâts de fond, non pas qu'ils les mangent, mais ils saisiront et s'amuseront du jeune fretin qui se rassemble autour et plane au-dessus des appâts.

La manière de discerner le brochet et de le prendre, si vous vous méfiez de votre hameçon pour la brême, car j'ai pris quelquefois à mes hameçons des brêmes longues de plusieurs verges, quelquefois aussi elles ont rompu ma ligne; la manière donc de l'avoir est celle-ci.

Prenez une petite ablette ou goujon, amorcez-le et mettez-le vivant à vos cannes, à environ deux pieds profond du liége, avec un petit ver rouge sur la pointe de l'hain; ensuite prenez de la mie de pain blanc et un peu d'appât de fond, lancez-le doucement parmi vos cannes, et s'il y a quelque brochet par là, il sera pris.

Vous pouvez ainsi continuer votre pêche depuis quatre heures du matin jusqu'à huit, et si le temps est obscur, elles mordront tout le long du jour; mais ceci exigerait de rester trop long-temps dans la même place, et diminuerait le plaisir du soir, qu'on prend de cette manière.

A quatre heures environ de l'après-midi, vous vous rendez au lieu de la pêche; arrivé au bord de l'eau, vous jetez la moitié du reste de vos appâts à fond, et vous vous tenez à l'écart pendant un certain temps. Vous viendrez ensuite avec vos trois cannes, comme le matin, et jusqu'à huit heures vous vous amuserez parfaitement: avant de quitter, jetez le reste de vos appâts de fond pour le lendemain quatre heures, où vous recommencerez le même jeu.

Depuis la Saint-Jean jusqu'à la Saint-Barthelemy, c'est le meilleur temps, lorsque les brêmes ont toute la nourriture de l'été.

Observez aussi que lorsque vous aurez pêché trois jours de suite, le poisson sera devenu plus timide et plus prudent, et qu'il ne viendra presque plus. La seule manière donc est de cesser votre pêche pendant deux ou trois jours; dans cet intervalle, à la place de vos appâts de fond où vous avez pêché et où votre intention est de revenir, vous mettrez l'objet suivant. Prenez une touffe de gazon vert, mais court, aussi gros ou plus gros qu'une assiette de bois ronde; au sommet de cette herbe, et du côté vert, vous attacherez, avec une aiguille et du fil vert, autant de petits vers rouges qu'il en faudra pour couvrir presqu'entièrement le gazon; alors prenez une planche ronde ou assiette de bois, faites un trou au milieu de cette assiette, et placez-y le gazon; descendez-les ensemble avec une corde aussi longue qu'il est nécessaire, attachée à un bâton, en les laissant couler au fond de l'eau à la place des appâts de fond, afin que le poisson se nourrisse sans être dérangé pendant trois jours, après lesquels vous pouvez retourner pêcher.

Les lieux fréquentés par la brème sont les parties les plus profondes; dans des courants peu rapides dont le fond est sablonneux et plein d'argile, dans les étangs, les endroits les plus larges et les plus tranquilles où il y a des herbes.

Les appâts les plus favoris pour la brème, sont les vers rouges, les vers de marais, de prairie, et généralement les mêmes appâts dont on se sert pour la carpe qui se prend de la même manière.

## Pêche des Tanches.

On peut les pêcher pendant les mois chauds de l'année; mais elles se prennent plus aisément en avril et mai. Il faut pêcher très-près de terre; et si vous amorcez avec des gentles, jetez-en en petite quantité à mesure que vous avez pris un poisson, ce qui les attirera à votre hameçon et les réunira ensemble.

### Pêche du Barbeau.

Les barbeaux se prennent à l'hameçon dormant; on en tend plusieurs à la fois; ils doivent être chacun long d'un pouce.

On attache une ficelle à chacun, longue d'environ deux pieds, on y met un appât, ou des vers de terre, ou des petits poissons. Cela fait, attachez tout vos hameçons à une corde qui soit longue; éloignez-les les uns des autres de deux pieds; puis vous irez à l'endroit où vous savez qu'il y a des barbeaux.

Etant-là, liez le bout de votre grosse corde à un piquet ou à quelque branche ou grosse pierre, et attachez à l'autre bout quelque pierre. Vous prendrez ensuite cette corde de la main droite et la jetterez dans l'eau le plus loin que vous pourrez; vous les laisserez ainsi jusqu'au lendemain matin, que vous irez la retirer pour y prendre le poisson.

Il faut observer que le lieu où vous tendrez vos hameçons soit net d'herbe et de racines d'arbres.

### Secret pour prendre le Barbeau à la main.

Prenez huit dragmes de squilles de fève, qui sont une espèce d'ognon qui croît dans les endroits marécageux, autant de lentilles entières rôties, vous les pilerez ensemble et les incorporerez dans le blanc d'un œuf; ensuite vous en formerez de petites boulettes dont vous vous servirez quand vous voudrez prendre le barbeau à la main.

### Pêche des Barbeaux à la fouine.

On se met dans un petit bateau, on se promène sur l'eau, qui doit être fort claire, et dans des endroits où elle n'est pas beaucoup profonde, afin de pouvoir découvrir le poisson. On s'en approche sans faire de bruit. Si l'on s'aperçoit qu'il ne se remue point, c'est une marque qu'il dort; alors on prend la fouine de la main droite, et visant droit dessus, on la lance sur le barbeau, qui s'y accroche, puis on l'enlève.

### Pêche des Ables ou Ablettes.

Ce poisson se laisse prendre dans toutes les saisons, et se trouve dans les rivières sablonneuses ou les lacs; mais c'est au printemps qu'il se rassemble en plus grand nombre pour frayer. Comme de sa nature il est très-vorace, on l'attire dans un lieu avec différents appâts. On forme au milieu d'une rivière, avec des piquets, une espèce de clayonnage, qui augmentant l'agitation de l'eau, attire le poisson: on attache à un des piquets un panier dans lequel on met des tripailles et du sang caillé qu'on ramasse dans les boucheries. L'eau emporte peu à peu ce sang, et les ables, attirés par cet appât, se rassemblent auprès du palis où on les prend de différentes façons. On pêche quelquefois avec des lignes déliées au bout desquelles on ajoute trois ou quatre petits hameçons amorcés de vers blancs, qu'on attache à un simple brin de crin. Lorsque ces poissons abondent, on les pêche sur les bords des rivières, autour de ces palis, avec un filet que l'on nomme ableret, carrelet ou échiquier. On les pêche aussi avec un petit épervier dont les mailles sont serrées. Les Hollandais se servent d'une grande nappe de filet en tramail, qu'ils tendent perpendiculairement, et avec lequel ils forment une grande enceinte qui embrasse une masse d'eau considérable. Les pêcheurs, avec des petits bateaux, se placent dans cette enceinte, munis d'une longue perche, à l'extrémité de laquelle ils attachent un vase de bois, qui a la forme d'une coupe ou tasse creuse, qu'ils plongent dans l'eau de toute leur force, ce qui produit un bruit sourd qui épouvante le poisson, qui se jette dans le filet et y reste pris.

### Pêche de la Grenouille.

On peut pêcher les grenouilles à l'hameçon, en mettant pour appât quelque insecte ; un morceau de drap rouge les attire ; elles viennent le saisir comme de la viande. On peut se servir assez généralement de toutes sortes d'appâts, à cause de la voracité de cet amphibie. Cette pêche doit se faire en silence.

## Secret pour attirer les Grenouilles.

Mettez une grenouille vivante dans un verre à boire, sur le bord d'un étang, et chargez le verre d'une pierre assez lourde pour que l'animal ne sorte point. Dès que les autres entendront croasser la grenouille captive, elles accourront pour la délivrer, et alors on les saisit avec un filet formé de deux cerceaux en croix, qu'on nomme truble.

La pêche de cet animal la plus amusante, aussi bien que celle qui s'exerce le plus à la campagne, est celle du feu : voici quel en est l'artifice.

On choisit une nuit obscure ; deux pêcheurs se dépouillent, se mettent dans l'eau, et prennent chacun un sac qu'ils placent entre leurs jambes pour serrer les grenouilles qui seront à leur portée. Pendant ce temps là, d'autres prennent des torches de paille et les allument pour obliger ces animaux à courir à la lueur de ce feu qu'ils prennent pour le soleil : cette lumière sert aussi aux pêcheurs pour connaître leur proie.

## Pêches simples des écrevisses de rivière.

1°. On se met dans l'eau, et avec le bras on furète dans les endroits où se logent les écrevisses ; cette pêche est dangereuse, parce qu'au lieu de poissons on prend quelquefois des serpents.

2°. On tue un vieux chat ou un vieux lièvre, qu'on

laisse pourrir huit jours dans le fumier : on le lie ensuite avec une corde et on le jette dans l'eau : le lendemain on retire son cadavre couvert d'écrevisses. On ajoute une précaution pour empêcher les écrevisses de s'échapper quand on retire l'appât; c'est de mettre le chat ou le lièvre au milieu d'un fagot d'épine ou de bois tortu : la pêche est alors plus sûre et plus lucrative.

3°. Une morue salée fait le même effet que le chat ou le vieux lièvre : quand on enlève sa proie, il faut avoir soin de passer au-dessous un panier qui reçoive les écrevisses qui se laissent couler au fond de l'eau. Le sel est si fort du goût de ces animaux, que quelques pêcheurs se contentent de laisser tremper dans l'eau de vieux sacs qui ont servi à le renfermer, et ils prennent avec cet appât un grand nombre d'écrevisses.

4°. On prend un quarteron d'écrevisses, on les met dans un pot neuf bien luté et on les laisse pulvériser au four : on prend ensuite de cette poudre, on en fait de la pâte en la mélangeant avec de la mie de pain ; on jette ces pastilles dans un ruisseau, et on prétend qu'au bout de trois semaines on y trouve des écrevisses.

### Méthode ordinaire pour la pêche des écrevisses de rivière.

Ayez une douzaine de petites perches, longues de cinq pieds, et grosses comme le pouce; fendez-les par le petit bout, et mettez-y pour appât une grenouille ou de la chair corrompue ; prenez ensuite ces perches par le gros bout et portez l'autre à l'entrée des trous où vous soupçonnez que se retirent les écrevisses. S'il y en a réellement, elles sortiront pour s'attacher à votre appât : si vous vous en apercevez, vous prendrez une petite truble ou un panier attaché au bout d'une perche, et vous la glisserez dessous les écrevisses sans les toucher, vous la vèrez en même temps votre appât et le poisson ne le quittera que pour tomber dans le filet.

Il faut observer que c'est dans les sources d'eaux vives qu'on trouve les écrevisses en abondance, et que pendant le jour elles se retirent ordinairement dans les trous, sous les racines d'arbres ou entre les gros cailloux : c'est aussi l'asile d'une espèce de serpent.

### Pêche des écrevisses de rivière au batardeau.

Cette pêche demande le concours de plusieurs personnes de bonne volonté ; on fait provision de bêches et de pioches, et, avec cet attirail, on va dans l'endroit de la fontaine où l'on soupçonne le plus d'écrevisses.

On plante des piques suivant la largeur du ruisseau, et quand il y en a un nombre suffisant, on met de travers une grosse perche pour soutenir le fil de l'eau ; on coupe ensuite des gazons et on les met contre les pieux pour fermer le passage à l'eau et l'obliger à prendre son cours ailleurs.

Le batardeau n'est donc qu'une légère digue qui met à sec une partie du lit du ruisseau ; l'écrevisse, qui se sent enlever son élément, sort de sa retraite, et vous n'avez que la peine de choisir les plus dignes de paraître sur votre table ; outre les écrevisses, on prend quelquefois de cette façon des anguilles.

**Pêcheresses des Tatars pour prendre les écrevisses en hiver lorsque les eaux sont gelées.**

Les Tatars font, dit Pallas, avec de l'osier des plateaux ronds. Ils attachent au milieu une pierre assez pesante pour fixer le plateau au fond de l'eau, et à ce même milieu un morceau de viande.

Après avoir fait à la glace des trous assez grands pour passer leur plateau, qui a environ un pied de diamètre ; ils le descendent au fond de l'eau au moyen de deux cordelettes ou ficelles en osier, attachées à ses bords; enfin, de temps en temps ils les retirent pour prendre les écrevisses qui s'y trouvent.

**Pêche de l'Alose.**

La pêche des aloses se fait avec de grandes seines qu'on traîne avec des petits bateaux. On se sert de nappes simples ou de seines, dont la tête est garnie de flottes de liége et le pied de lest de plomb. Les mailles de ces filets ont deux pouces d'ouverture en carré; mais plus communément on se sert de tramails dont la flue ou nappe a les mailles assez ouvertes pour ne pas retenir les petits poissons.

Le filet doit être tendu tantôt à fleur d'eau, et tantôt à une profondeur plus ou moins grande, suivant les lieux que les poissons occupent dans l'eau; car lorsqu'il fait très-froid ou fort chaud, et que l'eau est claire, ils se tiennent éloignés de la superficie; ils s'en approchent quand l'air est doux ou lorsque les eaux sont troubles. Les pêcheurs mettent plus ou moins de flottes de liége à leur ralingue qui borde la tête du filet, en raison du lieu que le poisson occupe dans l'eau: ils taillent les liéges comme des petites roulettes.

On pêche aussi ces poissons avec des traîneaux faits de fil très-fin; les mailles ont huit pouces d'ouverture en quarré. Ces filets sont mis à l'eau, conduits et quelquefois relevés aux moyens de petits bateaux. Comme les aloses remontent les rivières, on pêche plus souvent en descendant qu'en montant. Il y a ordinairement dans chaque bateau quatre hommes; deux nagent, un gouverne, et le quatrième met le filet à l'eau. Les pêcheurs mettent leurs filets à l'eau le soir; ils dérivent toute la nuit au gré de la marée, et ils les relèvent le jour.

La saison la plus favorable pour la pêche de l'alose dans la Loire, est depuis la fin de mars jusqu'à la mi-juin, et depuis le mois de février jusqu'en juin, dans les grandes rivières de Guyenne.

# NOUVEAU MANUEL

# DU PÊCHEUR.

## TROISIÈME PARTIE.

### PÊCHE AUX FILETS.

L'idée grossière d'un panier dont on couvrit d'abord le poisson qu'on apercevait au fond de l'eau, a pu faire inventer l'épervier ; un panier qu'on passait sous le poisson qui nageait entre deux eaux, aura donné lieu d'imaginer le carrelet, etc. Voyant plusieurs espèces de poissons suivre le cours de l'eau, on se sera avisé de les arrêter avec des filets en nappe, qu'on nomme étentes et tramaux, ou avec des filets terminés en pointe, qu'on appelle verveux, chausse, etc. Ayant enfin trouvé du poisson dans les marres où il reste de l'eau de basse-mer, on a essayé de former des enceintes à claire-voie, qui empêchent le poisson de suivre le cours de la marrée : on a ainsi formé ce qu'on appelle parcs. C'est de ces différentes pêches que nous nous proposons de parler.

### De l'Epervier, nommé aussi Furet, Risseau.

L'épervier est un filet de forme cônique ou en entonnoir, *A, B, C, pl. IV. fig.* 1. Son embouchure *A, B*, est fort large, dans les grands éperviers elle a onze à douze brasses de circonférence, et diminuant peu à peu, se termine en cône *C*, où est attachée une corde *E*, qu'on tient plus ou moins longue, suivant l'endroit où l'on se propose de pêcher. Sa chute de *C* en *H* est d'environ quatre à cinq brasses. Il y en a de très-grands et de très-petits.

Ce filet, d'un bon fil retors en trois, est bordé *A B*, d'une corde grosse comme le doigt, garnie de bagues de plomb, du poids d'une once. On emploie quelquefois des balles percées qu'on enfile avec la corde, comme des grains de chapelets, et qu'on assujétit par des nœuds faits entre deux balles. Toute cette plombée pèse environ quarante à cinquante livres.

Le bord du filet excède de douze à dix-huit pouces la corde plombée, mais cette partie est retroussée en dedans du cône ; et comme elle est soutenue de distance en distance par des lignes *D*, cette portion de filet forme tout autour de l'embouchure de l'épervier des bourses dans lesquelles le poisson s'engage.

Il y a des filets éperviers qu'on monte différemment; ces éperviers, *fig*. 3, n'ayant point de bourses à l'embouchure, tout le reste se termine à la corde plombée, à laquelle on lie, de pied en pied, de fortes ficelles; elle doivent s'étendre de toute la hauteur du filet, de *I* en *L;* l'extrémité de toutes les ficelles est nouée en *L* à la corde *M*, qui passe dans l'anneau.

On pêche avec l'épervier de deux manières, l'une en le traînant et l'autre en le jetant.

**Traînée de l'Epervier dans les petites rivières.**

Pour pêcher à l'épervier en le traînant, on attache deux cordes à celle qui entoure l'embouchure du filet, et qui porte les plombs; par exemple, en *F* et *G*, *fig*. 1. et 4 *pl* *V*, faisant en sorte que l'espace *F* et *G* occupe à peu près la largeur de la rivière ou du courant de l'eau où l'on pêche. Deux hommes traînent le filet en halant sur les cordes *K L*, *fig*. 1, de manière que la portion du filet qui est comprise entre *F G*, se tienne presque droite sur la surface de l'eau. Le reste de l'embouchure du filet tombe au fond de l'eau, à cause de ses plombs. Cette embouchure porte sur le fond en décrivant une espèce d'ovale. La queue ou culasse du filet flotte entre deux eaux. Un homme, *M*, *fig*. 4, suit les pêcheurs; il tient la corde qui répond à la pointe du filet, et quoiqu'il la laisse lâche, il s'aperçoit cependant s'il y a des poissons pris, par les secousses qu'ils impriment au filet et qui se communiquent à la corde.

Deux pêcheurs, *K L, fig, 4*, se placent des deux côtés du cours de l'eau. Celui qui est du côté *K*, jette au pêcheur *L* le bout d'une corde, et il attache l'autre bout de cette corde à la corde plombée qui borde l'embouchure du filet, comme *F*. Le pêcheur *K* attache ensuite sa corde en *G*, *fig*. 4 puis il jette le filet à l'eau, retenant sa corde *G*. Alors les deux pêcheurs *K* et *L*, marchant sur la rive de l'eau, chacun de leur côté, traînent le filet, et l'homme *M* les suit en tenant la corde de la culasse. Quand le troisième homme manque, le pêcheur *K* attache à un de ses bras la corde de la culasse, et la tient assez longue pour ne pas gêner la pointe du filet.

Lorsqu'on s'aperçoit qu'il y a du poisson de pris, il est à propos de relever le filet. Le pêcheur *K* cherche un endroit uni où il n'y ait pas beaucoup d'herbes et commode pour tirer le filet à terre. Alors les deux pêcheurs lâchent leur corde, pour que toute la circonférence du filet porte sur le fond; le pêcheur *K* prend la corde de la culasse, il la tire doucement à lui, non pas directement, mais en se portant d'une enjambée vers la droite, puis vers la gauche, ce qu'il répète à plusieurs fois pour faire en sorte que les plombs qui portent sur le fond, se rapprochent les uns des autres, et ferment l'embouchure du filet, comme on le voit en *C, fig. 7, pl. III*.

Dès qu'il s'aperçoit que les plombs sont bien réunis, il tire de toutes ses forces le filet sur l'herbe; saisissant alors la corde qui porte les plombs, il la suit tout autour du filet, vidant les poches ou bourses; ordinairement remplies de vase, d'herbes, de coquilles, et de très-petits poissons, qu'il doit jeter à l'eau. Mais à mesure qu'il s'en présente qui méritent d'être conservés, il les met dans un panier couvert, au fond duquel il y a de l'herbe fraîche. Le filet visité dans toute sa circonférence, le pêcheur *L* tire sa corde à lui; le pêcheur *K* jette le filet à l'eau, et ils recommencent à traîner l'épervier.

Les pêcheurs sont partagés sur la question de savoir s'il est plus avantageux de traîner l'épervier contre le courant de l'eau ou en suivant le courant de l'eau. Dans l'un et l'autre cas, une partie des poissons, effarouchés par les pêcheurs, les bouleurs et le filet, nage devant pour l'éviter. Aussi a-t-on pris la précaution d'arrêter ces fuyards en leur tendant un tramail *N O, fig, 4*, de cent en cent toises, qui traversent la rivière; et c'est ordinairement aux approches de ce filet qu'on prend beaucoup de poissons.

Lorsque les bords des rivières ne sont point praticables, on se sert d'un petit bateau, à l'un des bords duquel on attache une partie de la corde plombée, qui occupe la longueur du bateau. Un pêcheur étant à l'avant, l'autre à l'arrière, ils conduisent avec des agraffes le bateau, en le faisant aller toujours de travers au courant. Mais attendu que le bateau et les perches effarouchent le poisson, une partie se retire dans les crônes, et on prend ordinairement moins de poissons que quand ceux qui traînent sont sur les deux rives.

### Manière de pêcher à la gourde.

Il arrive assez souvent que deux propriétaires ont un égal droit à la pêche d'une rivière; mais chacun doit se tenir sur le bord qui lui appartient. Le pêcheur *K, fig. 4, pl. III*, ne pouvant point passer du côté de *L*, il attache le bord du filet *F G* sur une perche qui traverse la rivière, et pour faire flotter cette perche, afin de soutenir le bord du filet à fleur d'eau, il attache le long de la perche des gourdes ou callebasses vides; et à chaque bout de la perche, deux cordes, une longue et l'autre plus courte, avec lesquelles il traîne le filet le mieux qu'il peut au milieu de la rivière.

### Manière de jeter l'Epervier.

On ne peut pêcher en traînant l'épervier que dans les courants d'eau qui ont peu de largeur, où l'eau n'est pas fort profonde, et sur les fonds où il ne se trouve pas de roches ou même de pierres d'une grosseur un peu considérable.

La manière de jeter l'épervier dont il s'agit présentement, peut se pratiquer dans les grandes rivières, dans les étangs, entre les rochers; même à quelque distance du rivage, pourvu qu'il s'y trouve beaucoup de poissons, et que la nappe d'eau ne soit pas fort épaisse.

On ne traîne point le filet pour cette pêche, mais on le jette aux endroits où l'on juge qu'il y a du poisson rassemblé.

Quand on a jeté l'épervier, les plombs font entrer les bords du filet jusqu'au fond de l'eau, et le corps circulaire que le filet décrit en le jetant, a couvert le poisson de manière qu'il échappe difficilement quand on tire le filet hors de l'eau. Mais la façon de jeter convenablement ce filet n'est pas aisée, et elle ne peut être bien exécutée que par un homme grand et fort.

Celui qui veut jeter le filet commence par lier à son poignet gauche la corde qui répond à la culasse, et de la même main il empoigne tout l'épervier, environ à deux pieds au-dessus de la corde plombée. Ensuite, tenant cette portion du filet pendante, de sorte néanmoins que les plombs portent à terre, il prend environ le tiers de la circonférence de l'embouchure du filet; et, renversant le filet en entier, il jette cette partie sur son épaule gauche, se formant avec elle comme avec un manteau à l'espagnole : après quoi il empoigne de sa main droite environ un autre tiers, le reste du filet pend devant lui.

Ayant ainsi tout disposé, et étant au bord de l'eau,

il tourne son corps vers la gauche pour prendre un élan, et le rappelant avec vivacité vers la droite, il jette le plus fortement qu'il peut tout le filet à l'eau, de façon qu'en se déployant, il forme une roue, *fig*. 5. La corde plombée tombe incontinent au fond de l'eau et enferme les poissons qui se trouvent sous le corps du filet.

On relève l'épervier, comme nous l'avons déjà dit, fort lentement; et se balançant de droite et de gauche pour rassembler les plombs; ensuite on tire tout le filet le plus vite qu'on peut, surtout lorsqu'il sort de l'eau.

Il est visible qu'on doit jeter le filet à un endroit où le fond soit uni, sans fortes herbes, sans grosses pierres ni bois : sans cette précaution l'on courrait risque de déchirer le filet et de perdre beaucoup de poissons qui s'échapperaient par les endroits où la plombée ne porterait pas sur le fond.

Il est encore bien important que celui qui jette le filet n'ait ni boutons ni agrafes; ils doivent être tenus par des lacets, des rubans ou des aiguillettes; car si une maille du filet s'accrochait à un bouton ou autre chose semblable, le pêcheur, qui a pris un élan vers l'avant, serait infailliblement entraîné dans l'eau.

Comme on jette plusieurs fois de suite l'épervier, les pêcheurs sont nécessairement exposés à recevoir une grande quantité d'eau qui sort du filet. Pour s'en garantir, au moins en partie, la plupart ont coutume de mettre par-dessus leurs habits comme une chemise de femme, faite avec une toile très-serrée, et en outre, ils attachent sur leur épaule gauche une peau de chèvre ou de mouton, le poil en-dessus.

Les éperviers que l'on jette ne sont ni aussi grands ni aussi lourds que ceux qu'on traîne. Il y a même des façons de pêcher pour lesquelles les éperviers doivent être petits et légers comme on va le voir.

### Pêches diverses à l'Epervier.

Les pêcheurs de la Méditerranée font un fréquent usage des petits éperviers qu'ils nomment risseaux, quand ils aperçoivent des poissons attroupés entre les roches ou dans les étangs qui communiquent à la mer.

On prend quelquefois à la rivière d'Adge, d'un seul coup, plus de trente aloses.

Dans les étangs salés, près de Narbonne, on se sert d'éperviers qui n'ont point d'emboursement ni beaucoup de plomb.

A la côte de Saint-Tropez, de Fréjus et autres endroits de Provence, les pêcheurs se promènent le long du rivage et ne jettent leur épervier que lorsqu'ils voient des poissons.

Sur la Dordogne, deux pêcheurs se mettent dans de petits bateaux avec un épervier, et prennent durant toute l'année des carpes, des barbeaux, etc.

A Libourne, sur la rivière de l'Isle, on y prend des barbeaux, des brochets, des aloses et des surmulets.

Dans la partie la plus étroite de la rivière de Paluét, près Fécamp, on prend des truites avec l'épervier.

Cette pêche n'est pas destructive quand les pêcheurs ont l'attention de rejeter à l'eau les petits poissons.

### Du Carreau, Carrelet, Carré, Calen, Venturon, Echiquier et Hunier.

C'est une sorte de filet ou nappe qu'on tend sur les deux portions d'un cerceau, qui croisent, et qu'on attache au bout d'une perche ; on le tend sur le fond; et quand on aperçoit quelques poissons dessus, on le relève promptement. Ce filet est toujours bordé d'une corde qui n'est pas grosse, mais elle doit être forte et bien travaillée ; les mailles du milieu plus serrées que celles des bords, pour prendre les ables, ainsi que la menuise qui sert à amorcer les hains.

On forme à chaque coin de la nappe, avec la corde qui la borde, un œillet pour recevoir le bout des perches courbes qui le composent, plus longue que la diagonale du sifflet ; on les plie en proportion de cercle pour en passer les bouts dans les œillets qu'on a formés aux angles de la nappe. On lie ensuite ces perches courbes à l'endroit où elles se croisent, et la même corde sert aussi à attacher le carrelet à l'extrémité d'une autre perche qui est faite d'un bois léger, plus ou moins longue, suivant la profondeur de l'eau où l'on veut pêcher et la distance qu'il y a depuis le bord où l'on s'établit jusqu'à l'endroit où l'on se propose d'étendre le filet.

On attache le carrelet immédiatement à la perche, ou bien on le suspend à une corde plus ou moins longue.

Les poissons se rassemblent ordinairement dans une anse où il y a peu de courant, où l'eau est échauffée par le soleil, ou enfin des endroits où les poissons se rassemblent. Les apercevant ainsi, on plonge le carrelet dans l'eau, de manière qu'il s'étende sur le fond. Si l'on voit des poissons qui nagent au-dessus du filet, il faut le relever promptement : car, quand ils aperçoivent le mouvement des perches, ils plongent dans le fond, et ils se précipitent ainsi dans le filet ; mais aussitôt que le filet quitte le fond, ils sautent, font des efforts pour s'échapper, et ils s'échappent en effet, si l'on ne relève pas promptement le carrelet.

Ceux qui pêchent au bord de la mer sont obligés d'avoir une perche fort longue; ils appuient le gros bout contre le pied gauche, et, saisissant la perche avec les deux mains, ils ont beaucoup plus de force pour relever le carrelet, qui est ordinairement plus grand que ceux dont on se sert dans les rivières. La plupart de ceux qui pêchent avec le carrelet au bord des rivières et des étangs, tiennent le gros bout de la perche dans la main gauche et le posent contre la cuisse; puis, saisissant la perche trois pieds plus loin avec la main droite, ils sont en force pour relever le filet.

Lorsqu'on aperçoit des poissons sur le filet tendu au fond de l'eau, pour le relever promptement, on porte les deux mains à deux pieds plus loin ; et, pliant les cuisses en même temps qu'on fait agir les bras, on tire le carrelet très-vite de l'eau.

Cette pêche se pratique plus avantageusement quand l'eau est trouble : alors les pêcheurs relèvent de temps en temps le carrelet pour en tirer le poisson.

**Pêche au Carrelet, appelé Calen ou Venturon.**

Cette pêche se fait avec des petits bateaux, soit dans les étangs, soit à la mer à portée de la côte. Ils élèvent, à l'arrière du bateau, un chandelier, ou un montant de bois qui se termine au bout d'en haut par un enfourchement, ou qui porte une grosse boucle ou boulon de fer, ce qui est nécessaire afin d'avoir un point d'appui qui leur procure de la force pour tirer de l'eau un grand carrelet qu'on nomme calen. On passe dans la boucle un espar de quinze à dix-huit pieds de long ; enfin, on attache au bout de cet espar les arcs qui portent le filet et qui sont ordinairement de fer ; ce filet a dix à onze pieds en carré. Comme tout cela fait un poids considérable, on charge avec un billot de bois ou de pierres le bout de l'espar, qui répond au-dedans du bateau, afin de le mettre en équilibre avec le filet.

Le pêcheur fait plonger le filet dans l'eau pendant que ses camarades rament mollement; de temps à autre, il fait sortir le filet de l'eau, ce qui s'exécute facilement à cause du contre-poids; et quand il y a du poisson pris, un des pêcheurs tire à lui le filet au moyen d'une corde qui tient à la bordure, pour prendre plus aisément le poisson.

### De la Truble.

La truble est composée d'une poche de filet et attachée à la circonférence d'un cercle de bois ou de fer, auquel est ajusté un manche plus ou moins long, suivant les différentes grandeurs et noms qu'on lui donne.

Les grandes trubles, qu'on nomme manioles, sont formées d'un cercle de bois qui est traversé par une perche, laquelle en forme le manche.

On fait des trubles moins grandes, dont le cercle est de fer; en ce cas, il y a à la circonférence du cercle une douille qui reçoit un manche de bois. La plupart des trubles sont rondes; cependant on en fait de carrées qui sont plus commodes pour prendre le poisson renfermé dans des huches, boutiques, bascules, etc.

A l'égard du filet ou poche, elle est plus ou moins grande, et les mailles de différentes ouvertures, suivant l'usage qu'on se propose d'en faire. Si c'est pour prendre des crabes et des homards dans les rochers, les mailles peuvent être assez larges; mais quand on se propose de prendre des chevrettes, il est nécessaire de tenir les mailles plus serrées.

Cette pêche diffère, suivant les lieux où elle se pratique ; et réussit quand les eaux sont troubles et blanches, parce que les poissons s'approchent des bords où le courant est moins rapide qu'au milieu de la rivière, et ils sont moins effarouchés par la truble. Mais il faudrait que les mailles de ce filet eussent au moins un pouce en carré, pour ne pas perdre les poissons du premier âge.

### Manière de pêcher à la Truble, nommée Salabre.

Les pêcheurs apercevant du poisson à une petite profondeur d'eau, passent le salabre par-dessous, au moyen de son long manche; lorsqu'ils relèvent le filet, le poisson se trouve pris dans la poche. Mais cette pêche ne réussit qu'entre les rochers, dans les canaux, et auprès des piles des ponts, après que la mer a été agitée, ou lorsqu'on pêche au feu.

### Du Tamis de crin.

C'est en effet un tamis que l'on ajuste au bout d'une perche, et qui dans cet état fait l'office de la truble ou du verveux.

### De l'espèce de Bouteux nommé Savre.

Espèce de bouteux nommé savre, *pl. VI.* Il y en a de différentes grandeurs. Les uns ont six ou sept pieds de diamètre. On les monte d'un côté sur une perche qui a aussi six ou sept pieds de longueur. On attache solidement cette perche sur une autre, laquelle est longue de douze à quatorze pieds, et sert de manche ; mais la perche n'est pas attachée au bout de la perche ; on l'assujétit à huit ou dix pouces de son extrémité. Pour fortifier la perche qui est plus faible que la traverse des bouteux, on attache à un de ces bouts une ligne qui va faire un tour mort à l'extrémité de la traverse ; enfin, au bout de la perche est attachée une corne.

Les pêcheurs se servent de ce filet dans un batelet qu'ils conduisent aux bords de la rivière, où le poisson fréquente plus qu'au milieu ; ils appuient la perche sur un morceau de bois qui porte une entaille à son extrémité, et qu'on a établi pour cela devant le batelet destiné pour cette pêche.

Celui qui manie le savre, l'enfonce dans l'eau le plus avant qu'il lui est possible, et au bout d'un court espace de temps, il le relève promptement et avec force, en pesant sur le bout de la perche qui est dans le batelet; puis il tire à lui deux lignes qui sont attachées au fond du filet, ce qui le plie en partie, et donne la facilité de retirer le poisson qui s'y trouve.

Cette pêche commence vers la Saint-Jean, et finit avec le mois de novembre, lorsque les fraîcheurs se font sentir: elle est pratiquée par les hommes, les femmes et les filles; mais plus avantageusement la nuit.

### Du grand Havenau sédentaire.

L'effet du haveneau sédentaire est d'arrêter le poisson qui suit le cours de l'eau. Ce filet est monté sur deux perches qui ont douze à quinze pieds de longueur. Elles se croisent de quatre à cinq pieds du bout, et les sont jointes l'une à l'autre au point de contact par un lien, ou plus fréquemment et mieux par un clou rivé, qui les traverse et leur permet un mouvement semblable à celui des lames d'une paire de ciseaux. Un peu au-dessus de cet endroit, il y a des entailles où s'emboîte une traverse qui, tenant les perches écartées l'une de l'autre d'une quantité convenable, sert aussi à conserver la même ouverture de l'angle; ordinairement les deux extrémités des perches sont éloignées l'une de l'autre de quinze pieds.

Le pêcheur jette ce filet au courant de l'eau, posant sur le fond les deux bouts des perches, ainsi que la corde qui s'étend de l'un à l'autre. Les deux extrémités postérieures des perches passent sous ses aisselles et l'angle qu'elles forment s'appuie contre son corps. Il tient ferme les deux perches.

Le moindre poisson qui se présente et qui donne dans le filet se fait sentir au pêcheur, lequel relève aussitôt le haveneau pour faire tomber le poisson dans la peche que nous avons dit être du côté de la traverse.

L'ayant tiré de la poche, il le met dans sa gline, qui est un panier couvert, qu'il porte attaché à son dos. Il replonge immédiatement après son filet, continue la même pêche jusqu'à ce que la marrée trop haute l'oblige de se retirer.

**Pêche au Haveneau.**

On se sert, dans la Garonne, de petits bateaux pour pêcher avec le havenau; mais les pêcheurs se disposent différemment quand ils ont l'intention de prendre des chevrettes, que lorsqu'ils veulent pêcher des poissons.

Pour établir les grands filets sur des petits bateaux, qu'ils nomment filadières, ou petit bateau sans grement, les pêcheurs amarrent, babord et tribord de la filadière, deux espars, qui soutiennent à l'arrière de la filadière une traverse de bois d'environ vingt pieds de longueur, qu'ils nomment barioste : elle sert à supporter les deux bras du haveneau.

Comme ce filet est presque en équilibre sur la barioste, un seul homme peut faire cette pêche dans sa filadière. Quand il est rendu au lieu de sa destination, il fixe son petit bateau avec son ancre; l'étambot à la marée.

Lorsque les pêcheurs se proposent de prendre des mulets muges, et d'autres poissons de moyenne taille, ils emploient des filadières plus fortes.

La pêche des mulets dans la Garonne, commence au mois de septembre, et on la continue jusqu'à Pâques, à laquelle succède celle des aloses avec des grands filets. La pêche des mulets se fait de jour et de nuit, et un vent frais y est favorable, pourvu que la filadière puisse tenir à la mer.

On ne plonge le haveneau que d'un pied dans l'eau, et comme les mulets font des efforts pour s'échapper, il faut relever fréquemment le filet. Pour cela deux pêcheurs ont toujours les mains sur les barres, afin de relever aussitôt qu'ils sentent qu'un poisson a donné dans le filet. Cette pêche se pratique différemment suivant les lieux.

### Savenelle, Savenau.

Cet instrument est un diminutif du haveneau; excepté que le filet, qui est une simple nappe d'une brasse et demie ou au plus deux brasses de longueur, est montée sur deux perches ou quenouilles, qui ne se croisent pas. Le filet est bordé d'une corde qui s'étend d'une quenouille à l'autre. La corde est garnie d'un peu de plomb.

Quand les saveneaux sont petits, les pêcheurs prennent une quenouille de chaque main, et présentent à l'eau le filet tout ouvert; lorsqu'ils sentent qu'un poisson donne dedans, ils le plient en rapprochant précipitamment l'une de l'autre les deux quenouilles.

Quand les saveneaux sont grands, les pêcheurs se mettent deux, chacun tenant une des quenouilles. Ce filet, ainsi que la bichette, sert à prendre des chevrettes.

### Chaperon.

Espèce de filet simple en forme de poche, qu'en Auvergne on nomme chaperon. Ce filet, d'environ sept à huit pieds de longueur, sur quatre ou cinq de largeur à son ouverture, est bordé d'une corde à laquelle on attache deux perches, longues de sept à huit pieds, comme celle du saveneau. A l'un des bouts de ces deux perches on attache la corde qui tient au filet et en forme l'ouverture d'un carré long d'environ quatre pieds : cette corde, liée à l'extrémité de chacune des perches environ un pied et demi, sert à tenir ouvert ce filet, et à le fermer quand on a pris le poisson. La partie inférieure, destinée à traîner sur la vase, doit être plombée. Le pêcheur tient l'une de ses perches à chaque main, et dirige l'ouverture de son filet vers des herbages, pierres, crosnes qu'il entoure et ferme à volonté, en rapprochant les deux extrémités des perches.

Ce filet fait faire des pêches très-abondantes, en toutes espèces de poissons d'eau douce, surtout dans les petites rivières.

### Du Bout de Quièvre.

Ses cornes ont ansi fait appeler par corruption de bout de chèvre, ce filet, qui est formé, comme le grand haveneau, de deux perches, mais elles n'ont que six à sept pieds de longueur, et elles ne s'ouvrent que de cinq à six pieds. Cette ouverture étant fixée par la corde qui borde le filet; il n'y a point, comme au haveneau et à la bichette, de traverse le bois : ainsi le pêcheur est obligé de tenir continuellement son filet ouvert lorsqu'il le pousse devant lui; car cette pêche n'est pas ordinairement sédentaire comme celle du grand haveneau; et c'est pour cette raison qu'on ajuste aux bouts des cornes de chèvre, qui les empêche d'entrer dans le terrain et les font couler dessus.

La façon de s'en servir est de le pousser devant soi comme un bouteux, mais beaucoup plus lentement.

### Sac de toile en forme de poche.

Aux environs de Morlaix et ailleurs, il y a des hommes et des femmes qui ont une manche de toile claire assez longue, dont l'embouchure est montée sur un cercle. Deux pêcheurs se mettent à l'eau, et en remontant le courant, ils prennent à cette pêche, qui est très-destructive, beaucoup de poissons du premier âge et de frai.

### Pêches aux filets sédentaires.

Ces pêches se font sur le rivage ou à une petite distance du rivage, avec des filets sédentaires, en forme de manche, qu'on nomme guideaux, verveux, etc.

### Des Guideaux simples.

La forme du guideau est celle d'une chausse, qui fait un tuyau plus ou moins long. Il est large à son embouchure, et va toujours en diminuant jusqu'à son extrémité, qui est formée de différentes façons.

On laisse ouverte l'extrémité de la chausse, et on la lie avec une corde qu'on dénoue pour secouer le poisson sur le sable, ou bien on ajuste au bout de la chausse un panier d'osier, dans lequel se ramasse le poisson, d'où on le tire aisément en ouvrant une porte qui est au bout. Dans tous les guideaux, les mailles ont au moins deux pouces d'ouverture en carré. Leur grandeur diminue à mesure qu'on approche du fond : elles devraient avoir à cet endroit deux pouces, pour laisser au petit poisson la liberté de s'échapper ; mais souvent on les réduit à trois ou quatre lignes : ainsi elles retiennent le frai et les poissons du premier âge, qui s'y accumulent avec la vase, et sont entièrement perdus.

Les guideaux se tendent depuis Noël jusqu'à Pâques; de façon qu'ils présentent leur bouche à un courant qui traverse toute la longueur du filet. Or, il est sensible que le poisson, qui entre par l'ouverture, s'enfonce jusqu'au fond, qui, étant fermé, l'arrête. Le courant continuant à le comprimer, les petits sont presque réduits en bouillie, et les gros meurent bientôt. Voilà le défaut des grands guideaux où le poisson se trouve presque toujours meurtri.

On prend avec les guideaux tous les poissons qui suivent le courant.

**La tente des Guideaux à hauts étaliers.**

Les guideaux, qu'on nomme, en différents endroits, *didaux, quidiats, tiriats*, etc., sont des chausses qui ont trois à quatre brasses de longueur. Ils s'évasent à leur embouchure jusqu'à sept à huit pieds de diamètre, et cette embouchure est bordée d'une corde assez forte; les mailles, auprès de l'embouchure, ont depuis un pouce jusqu'à dix-huit lignes en carré au tiers de la longueur, elles ont seulement neuf lignes, et on continue à les faire de plus en plus étroites, de sorte que dans la dernière demi-brasse, elles ont souvent moins de trois lignes.

Pour étendre les guideaux, on plante dans le terrain, vis-à-vis de quelque courant ou de l'embouchure d'une rivière, le plus près qu'il est possible de laisser de basse mer, des pieux ou forts piquets, qu'on nomme *chèvres,* qui ont neuf à dix pieds de longueur. Ils sont enfoncés de deux pieds dans le terrain, et ils doivent l'excéder d'au moins sept à huit pieds. Ces pieux sont disposés sur une même file, au nombre quelquefois de vingt-cinq à trente : c'est ce que les pêcheurs appellent *étaliers.* Pour les affermir contre les efforts de la marée, chaque pièce est retenue par une corde qui forme un étai ; frappée d'un bout à la tête des pieux, et de l'autre aux piquets qui sont enfoncés dans le terrain, à une petite distance des pieux, du côté par où l'eau vient avec rapidité. La corde se prolonge dans toute la longueur de l'étalier. On tend, à dix-huit pouces du terrain, un pareil cordage, qui assujétit les pieux par le bas.

**Des paniers de bonde.**

Les meuniers les mettent à leur vanne de décharge lorsqu'ils la lavent pour laisser écouler l'eau qui pourrait endommager les chaussées. Ils nomment paniers de bonde cette nasse, qui est un vrai guideau d'osier. Il n'y a pas de goulet ; mais le poisson n'en sort point, à cause de la vitesse du courant.

On tend aussi dans les courants d'eau rapides des nasses, qu'en Auvergne on appelle canisses, qu'on tient longues, pour que le poisson n'en sorte pas, et dont l'embouchure est évasée, pour qu'elle embrasse une plus grande portion du courant d'eau ; quelquefois on y ajoute des ailes de clayonnage, et on en fait des gors.

**Des Nasses en forme de Trubles pour prendre des anguilles dans la mer.**

Pour prendre des anguilles à la mer, on fait des nasses qui ne sont qu'un panier profond au moins de deux pieds. Ces nasses ont à l'embouchure un pied de diamètre, et elles se rétrécissent de sorte que leur diamètre n'est que de huit à neuf pouces par le bas. On met au fond de ce panier un assez grand morceau de foie de bœuf, pour qu'il couvre toute l'étendue ; on forme au-dessus du foie un grillage de corde qui le retient, mais dont les mailles sont assez larges, pour que le foie puisse être aperçu par les anguilles. Ce panier, qui fait ici l'office de la truble, étant lesté de pierres, on y attache une corde, et on le descend dans l'eau à telle profondeur qu'on veut ; pourvu toutefois que le pêcheur puisse apercevoir les anguilles qui vont attaquer l'appât.

Les anguilles, attirées par l'odeur du foie, qui n'en est que meilleur quand il commence à se corrompre, se hâtent d'entrer dans le panier. Quand le pêcheur les aperçoit attachées à l'appât, il tire doucement la corde qui répond au panier, et il essaie de ne point effaroucher les anguilles. Mais quand le panier est arrivé à la surface de l'eau, il le tire précipitamment pour que les anguilles n'aient point le temps de se sauver. Quand il les a prises, il replonge sur-le-champ le panier pour recommencer sa pêche, et le même foie lui sert long-temps.

Des paniers à peu près semblables, mais plus petits, servent quelquefois dans les rivières pour prendre les écrevisses.

### Autres Nasses qu'on emploie pour prendre des Anguilles, principalement dans les rivières.

Nous avons déjà dit qu'on devait proportionner la distance des osiers à la grosseur du poisson qu'on se propose de pêcher. Mais il faut que les osiers soient bien près à près, surtout quand on a intention de prendre des anguilles, car sitôt qu'elles peuvent introduire entre les barreaux leur queue ou leur tête, elles forcent tellement, qu'elles font plier les osiers, et elles ne manquent pas de s'échapper. Pour mieux retenir ce poisson, on fait à l'embouchure des nasses un faux et un vrai goulet. On voit à cette nasse quatre anses; les deux d'en bas servent à attacher les pierres qui la font caler, et les deux d'en haut, à attacher les cordes qui servent à la relever.

Les appâts qu'on met dans la nasse sont des limaçons, des moules ouvertes, des vers de terre, des grenouilles déchirées, du foie et de la chair de différents animaux. Comme l'anguille est très-vorace, elle tourne autour de la nasse pour trouver par où atteindre à l'appât qui est suspendu au milieu; enfin elle entre dans les goulets, et alors elle est prise. On tend un grand nombre de nasses dans les herbiers, auprès des crones et des sourives, et on les relève tous les jours, ayant soin de renouveler les appâts.

Le temps le plus favorable pour cette pêche est lorsqu'il fait chaud, et que le temps est disposé à l'orage.

### Des Nasses pour les Eperlans.

On prend beaucoup d'éperlans avec des nasses. Malgré la petitesse de ce poisson, on n'a pas besoin que les osiers soient aussi serrés que quand on pêche des anguilles. On en attache un nombre, comme dix ou douze, par les anses, à une corde qui est ordinairement faite avec de l'osier. Chaque nasse est chargée en-dessous de deux pierres, et attachée à la corde par deux petits cordages que les pêcheurs nomment câbleaux, et qui sont longs au plus de dix-huit pouces.

Pour les relever, on saisit avec une gaffe la corde aussi près qu'on le peut d'une des câblières qui sont au bout de la corde. Quand une fois on tient la corde, on relève les nasses les unes après les autres; on en ouvre le fond, qui est fermé par une petite porte, pour prendre les éperlans qui y sont, et on les remet à l'eau par le travers de la rivière. Cette suite de nasses interrompant le cours de l'eau, les éperlans en approchent pour éviter le courant; ils nagent autour, et y entrent.

Comme ces poissons refoulent la marée pour remonter dans l'eau douce, on met, autant qu'on peut, le goulet tourné du côté du bas de la rivière. Les nasses ordinaires durent environ deux ans; mais celles des éperlans ne servent qu'une saison, parce qu'on les fait avec des osiers fins et verts. On prétend que ces poissons fuient les vieilles nasses.

Cette pêche se pratique dans la Seine, au-dessus de Rouen, et non pas au-dessous, à cause que la marée, qui s'y fait sentir avec beaucoup de violence, entraînerait les nasses.

### Des grandes Nasses.

On fait des grandes nasses, qu'on tend avec un bateau le long des iles, aux endroits où l'eau est dormante, et où il y a des herbes. On y prend, outre les éperlans, des barbeaux, des gardons, des brêmes, et quelquefois des carpes et des brochets. Ordinairement on met à ces grandes nasses un vrai et un fort goulet. Quand on pêche avec de fort grandes nasses, on est obligé de frapper une poulie au bout de la chaloupe pour haler sur l'orin qui tient à la nasse.

### Espèce de Nasse que les Provençaux appellent Lance, Gombin, etc.

La lance est un panier ou nasse d'osier, de forme cylindrique; sa longueur ordinaire est de cinq pieds, et elle a deux pieds et demi de diamètre. Les osiers, fort artistement entrelacés, forment des losanges dont les côtés ont à peu près six lignes de longueur. Les deux bouts de ces paniers sont enfoncés et terminés par un goulet d'auffe. Cette nasse ressemble beaucoup au verveux double, qu'on appelle communément louve.

On leste cette lance de deux grosses pierres pour la faire caler au fond de la mer, et on la retire au moyen d'une corde au bout de laquelle est une bouée ou un autre signal.

On suspend dans la lance des sardines coupées en deux, ou d'autres poissons; et on la mouille près des rochers ou sur des bancs, jusqu'à quarante ou cinquante brasses de profondeur.

Le vrai temps de faire cette pêche est pendant les mois de février, mars et avril.

On relève la lance tous les jours, et on en tire le poisson par l'ouverture.

# NOUVEAU MANUEL

# DU PÊCHEUR.

---

## QUATRIÈME PARTIE.

### Des Réservoirs pour conserver les poissons d'eau douce.

Les poissons d'eau douce ont ordinairement la vie plus dure que ceux de la mer ; d'ailleurs ceux de rivière et d'étang sont plus abondants dans l'intérieur des terres, où chacun est intéressé à en trouver au besoin.

Le gastronome Lucullus avait poussé la magnificence jusqu'à faire nourrir des poissons dans des vases de verre qu'on suspendait dans les salles à manger pour que les convives, étant à table, eussent la satisfaction de voir en vie les mêmes poissons qu'ils mangeaint avec délices.

## Des Huches de bois qu'on appelle Bascules.

Ces bascules ou boutiques servent pour apporter de grandes provisions de poissons aux endroits où l'on en consomme beaucoup ; elles peuvent être regardées comme des réservoirs, en attendant les acquéreurs, et c'est pour cette raison qu'on les nomme boutiques à poissons.

Mais les plus simples de ces réservoirs sont ceux que chacun peut avoir à portée de sa demeure lorsqu'il a une rivière, une source, ou même une marre où il y a assez d'eau. Ces réservoirs ne sont autre chose qu'une caisse en chêne comme celles dont on se sert pour le transport des oranges, avec une trappe par-dessus, que l'on ferme à clef. Ces caisses sont percées de plusieurs trous pour que l'eau y entre et en sorte librement. Elles doivent être enfoncées dans l'eau de toute leur hauteur, et assujetties par de forts pieux. On en retire le poisson avec une petite truble.

Les personnes riches ont des huches plus recherchées, au moyen desquelles elles peuvent choisir le poisson à la main. Ces caissons ou huches ont un double fond mobile, percé de trous ; au milieu de ce fond mobile est attaché un montant, comme la queue d'une bonde; au moyen de cette queue, on élève ce fond mobile jusqu'à la surface de l'eau, et, comme le poisson est dessus, on peut prendre celui qu'on désire, et redescendre les autres à l'eau.

### Des Réservoirs plus grands en maçonnerie.

Ces réservoirs se font en maçonnerie ou clayonnage, autour des maisons ou châteaux, où l'eau est profonde; on y dépose le beau poisson qu'on a pris dans l'étang ou ailleurs. Ces réservoirs se font à compartiments séparés, les uns pour les brochets, avec un plus petit pour les anguilles, d'autres pour les carpes, les tanches, les vaudoises, etc. Mais le poisson y maigrit, si on n'a soin de nourrir les carpes et les tanches avec du gros pain-bis ou avec du grain qu'on a fait cuire dans de l'eau, et qu'on pétrit avec de la terre grasse. On remplit un panier ou un baril défoncé avec cette terre, et les carpes sucent la terre et le grain. Les fèves de marais à demi-cuites sont aussi fort bonnes. Les brochets se nourrissent avec de la tripaille de la cuisine. Il est important de nourrir les poissons dans le temps du frai; mais on peut s'en dispenser l'hiver.

### Des Viviers.

Les viviers sont ordinairement de larges fossés, qui

ont vingt ou vingt-cinq toises de longueur ; l'on y dépose le poisson quand il est parvenu à sa grosseur, et dans lesquels on pêche journellement pour la provision de la maison. Leur étendue étant plus grande que celle des réservoirs, le poisson s'y porte mieux, surtout quand il est entretenu par une source ou un courant d'eau ; la truite même s'y conserve, pourvu que le vivier soit sur un fond de gravier. Il est bon, tant pour y pêcher que pour le nettoyer, qu'on puisse le vider en ouvrant une petite vanne. Quand l'eau du vivier ne se renouvelle pas, la carpe et la tanche prennent un goût de vase ; en ce cas, il faut, avant de les employer à la cuisine, les faire dégorger dans une eau vive. Il ne faut pas mettre dans un vivier trop de carpes, parce qu'elles y maigriraient, à moins qu'on eût soin de les y nourrir ; mais cela exigerait une dépense d'autant plus considérable, que le vivier serait plus rempli de poisson. La perche, la tanche, le gardon y prospéreront mieux que la carpe ; et le brochet y grossira beaucoup, mais ce sera aux dépens des autres poissons.

Ce qu'on vient de dire sur les viviers, par rapport aux progrès du poisson, s'applique aux fossés qui entourent les châteaux.

Il est bon d'observer que, quand on fait des viviers, des réservoirs, même autour des châteaux, il faut leur donner une grande profondeur d'eau ; sans cette précaution, les fortes gelées d'hiver feraient périr le poisson.

---

# DES ÉTANGS.

Les étangs sont des pièces d'eau qui diffèrent des réservoirs et des viviers, en ce que le poisson peut y grossir et s'y multiplier sans qu'on soit obligé de le nourrir ; il doit y trouver sa subsistance.

Des trous ou des marres très-profonds qui ne tarissent jamais, ne doivent pas être mis au nombre des étangs. Cependant, si l'on y jette dix à douze carpes œuvées avec trois ou quatre laitées, on pourra se procurer plusieurs milliers de feuilles ou d'alevins, pourvu qu'il n'y ait ni brochets ni perches, et qu'on n'y envoie pas les bestiaux laver et boire.

L'avantage que l'on peut tirer de ces marres est plus ou moins considérable, suivant leur étendue, la bonté de l'eau et celle du terrain.

## De l'Empoissonnement des Étangs.

En supposant qu'on ait fait des digues pour arrêter l'eau ou la détourner, pour établir l'étang, on les rompra pour le laisser se remplir : alors il s'agira de l'empoissonner.

Quand on pêche des grands étangs, on y trouve des barbeaux, des dards ou vaudoises, des meuniers, des chevannes, qu'on nomme aussi cheverceaux ou cheveneaux, des goujons, des vérons et autres menuises; des anguilles, des écrevisses, des grenouilles, etc. Il se trouve toujours de ces poissons qu'on nomme roussaille ou blanchaille, quoiqu'on n'en mette point pour peupler les étangs, parce qu'ils ne sont pas marchands. Les poissons estimés, et qu'on appelle ainsi, sont la carpe, le brochet, la perche, la tanche, la truite. On peut y ajouter le gardon et l'anguille.

On ne s'avise pas d'empoissonner un étang avec du gardon, qu'on met au nombre des blanchailles, et qui se transporte difficilement; mais comme il multiplie beaucoup, on en trouve toujours quantité dans les étangs. Sa principale utilité est de nourrir les poissons voraces, le brochet, la perche et la truite.

La tanche se plaît partout, particulièrement dans les étangs limoneux. Ce poisson peuple beaucoup et se transporte aisément en vie. D'ailleurs les grosses tanches sont estimées quand elles ne sentent point la vase; mais on prétend assez généralement qu'il faut plus de terrain pour nourrir cent tanches que pour engraisser cinq cents carpes. Outre cela, comme elle se vendent toujours à meilleur marché que les carpes, on en met plutôt dans les marres vaseuses que dans les étangs.

La perche est un excellent poisson, qui se vend très-bien. Il est vrai qu'il est vorace, mais pas aussi redoutable que le brochet. Il se nourrit de petites blanchailles, dont il débarrasse les étangs. Quoiqu'il soit difficile à transporter, on peut en mettre dans des grands étangs qui sont à portée des grandes villes où l'on est assuré d'en trouver un débit avantageux. Ce poisson se plaît dans les eaux vives: on prétend qu'en relevant une arrête qu'il a sur le dos, il ne craint point le brochet; mais certainement le brochet parvient à le saisir par la tête, et à s'en nourrir, puisqu'on en a trouvé souvent dans l'estomac des brochets.

La truite est un excellent poisson, qui est plutôt de rivière que d'étang. Elle subsiste néanmoins dans les étangs ou l'eau est vive, mais elle n'y multiplie pas. Ce poisson est vorace comme le brochet, et encore plus difficile à transporter que la perche. On se borne donc à la truite dans les rivières d'eau vive, fond de gravier où elle se plaît. Si cependant on voulait en conserver pour son propre usage ou pour vendre dans le voisinage, on ferait pour ce poisson une espèce de vivier sur un fond de gravier, où couleraient des eaux de sources: il suffirait de donner à ce vivier huit à dix pieds de largeur; mais plus on lui donnera de longueur et plus on pourra y mettre de truites. Celles qu'on prendra dans la rivière se conserveront très-bien dans le vivier; elles s'y multiplieront même, si ce vivier est fort long, surtout si on les nourrit avec de la blanchaille; mais cette pêcherie sera peu profitable : le mieux est de la restreindre à en faire un réservoir où l'on conservera les truites qu'on aura prises dans la rivière.

Les anguilles sont un fort bon poisson qui est vorace, mais comme il n'attaque que la menuise, il ne fait de tort que dans les étangs où l'on fait de l'alevin : il a l'avantage de se transporter aisément, et quoiqu'on ne soit pas dans l'usage d'en mettre dans les étangs, il s'y en trouve toujours. Quelquefois on en met dans des fosses ou des viviers ombragés, dont on proportionne la grandeur à la quantité qu'on désire en avoir. Les anguilles se nourrissent de grenouilles et de têtards; cependant elles prospèrent mieux si on leur jette quelques menuises, quelques tripailles, des fruits tendres, etc.

Les écrevisses d'étang ne sont pas à beaucoup près si bonnes que celles qu'on pêche dans les eaux vives et courantes. Comme elles mangent du frai, elles font tort aux alevinières.

Les grenouilles multiplient beaucoup, et on en trouve partout. Quoiqu'on en expose dans les marchés, elles ne font pas un objet de commerce. Comme elles mangent le frai, elles détruisent l'alevin : mais elles ne font aucun tort aux grands étangs; au contraire, quelques poissons s'en nourrissent, et surtout des têtards, ou des jeunes grenouilles qui se trouvent en quantité au bord de l'eau.

Le brochet est avantageux pour la vente; quoi qu'il

soit plus difficile à transporter par terre que la carpe et la tanche, les marchands s'en chargent volontiers, d'autant qu'il se transporte aisément par eau dans des bascules. Mais c'est un poisson très-vorace, qui coûte au propriétaire de l'étang plus qu'il n'en retire. Car un brochet d'un écu n'est parvenu à ce degré de valeur qu'après avoir mangé pour quarante ou cinquante francs de poisson. Il est vrai qu'il se nourrit de blanchaille, dont il décharge l'étang, sans faire tort au propriétaire ; mais il n'en est pas de même quand les brochets sont un peu gros ; celui qu'on vendrait trente sous en mange un de quinze ; il s'en suit de là que si l'on ne mettait dans un étang que des brochetons gros comme des harengs, au bout d'un an à peine y trouverait-on six de chaque cent qu'on aurait mis dans l'étang.

Il faut donc faire son possible pour qu'il n'y ait point de brochets dans les étangs qu'on destine à avoir de l'alevin ; mais cela n'est pas aisé; car quand il y a une fois eu du brochet dans un étang, on ne peut l'en purger qu'en le laissant plusieurs années à sec. S'il y reste un peu d'eau en quelques endroits, il s'y conservera de petits brochetons qui s'y montreront quand l'étang sera plein, et détruiront beaucoup de frai et de poissons.

A l'égard des grands étangs, il n'y faut point mettre de brochets avec l'alevin ; mais si l'alevin est fort, on peut y jeter de très-petits brochetons. Cependant il est mieux de n'en mettre que la seconde année, lorsqu'on ne pêche qu'à trois ou quatre ans ou deux étés révolus, et que l'alevin fût très-fort : on pourrait mettre de la brochetaille après la première année révolue. En général, quand les carpes sont plus grosses que les brochets, on prétend que ce poisson, qui les chasse sans les pouvoir manger, leur fait du bien par l'exercice qu'il leur fait prendre; et dans les étangs qui ne sont pas destinés à produire de l'alevin, on regarde comme avantage que le brochet détruise la menuise.

Les étangs sont particulièrement destinés pour la carpe, dont elle est la reine; elle y prospère singulièrement bien; elle est aisée à transporter par terre et par eau, et la vente en est assurée; c'est pourquoi les marchands s'en chargent volontiers.

Les carpes s'accommodent assez de toutes sortes de fonds, limoneux, sablonneux, etc., ainsi que de toutes sortes d'eaux; mais elles sont bien meilleures dans certains terrains et dans certaines eaux que dans d'autres. Des carpes qui ne seraient pas mangeables au sortir des étangs limoneux, se dégorgent dans les bascules; en les tenant quelques jours dans une eau vive, elles deviennent très bonnes.

On estime qu'on peut mettre dix-huit à 20 milliers d'alevin de carpes dans un étang qui a cent arpens d'eau; 10 à 11 milliers dans celui de cinquante arpens, augmentant ou diminuant cette quantité suivant la force de l'alevin, l'étendue de l'étang et la nature du fonds; car il y en a qui sont bien plus propres à nourrir beaucoup de poissons que d'autres. Il serait sur cela difficile de dônner des principes certains ; l'expérience en apprendra plus que tous les raisonnements.

### De l'Etang destiné à fournir de l'Alevin.

Il serait bon, quand on pêche un étang, d'en avoir un à empoissonner dans lequel on mettrait les carpes qui ne seraient pas assez gross s pour être d'une vente avantageuse. Mais comme on ne trouve souvent dans les grands étangs que peu d'alevin, surtout si dans celui qu'on pêche il y avait du brochet et de la perche, le propriétaire de plusieurs étangs doit faire en sorte d'avoir de quoi aleviner ceux qu'il doit empoissonner; sans cela il se trouvera souvent dans le cas de n'en pas trouver à propos, ou d'être obligé d'en acheter fort cher. C'est pourquoi il faut qu'il ait de petits étangs qu'on nomme carpures ou alevinières, qui soient uniquement destinés à fournir de l'alevin.

Il suffit que ces étangs aient huit à dix arpents d'eau ; mais il est très-important qu'ils n'en manquent point en été, afin que les carpes qu'on y mettra pour frayer puissent s'égayer sur l'herbe des rivages où il reste peu d'eau ; car c'est l'endroit où elles déposent leur frai, surtout aux parties qui sont exposées au midi et au couchant.

On ignore encore comment se fait la fécondation des œufs de poissons. On voit les mâles se porter sur l'herbe à des endroits où il y a peu d'eau, et les femelles les suivre. Huit à dix jours après, dit-on, que ces œufs ont été déposés, ils éclosent : d'où il suit qu'on doit mettre dans le petit étang destiné à l'alevin, des carpes mâles ou laitées, et des femelles ou œuvées.

Les meilleures carpes pour peupler ne doivent être ni trop grosses ni trop petites : on les choisit à peu près de dix à onze pouces ; elles doivent être rondes et avoir le ventre plein, observant qu'il ne faut au plus qu'un quart de mâles de ce qu'on met de femelles, c'est-à-dire que pour cent femelles, il faut au plus vingt-cinq mâles, et dans un étang de huit arpents, il ne faut mettre que cent femelles, qui jetteront chacune plus d'un millier d'œufs.

Dans les mois d'avril et d'août, qui est à peu près la saison du frai pour les carpes, il faut bien garder les étangs; car le poisson, alors engourdi et presqu'à sec dans l'herbe, se laisse prendre à la main : il faut aussi empêcher que les bestiaux n'aillent boire à l'étang, ils feraient avec leurs pieds une énorme destruction de frai. Les cochons surtout sont fort à craindre, parce qu'ils mangent le frai avec avidité.

Il est très-essentiel qu'il n'y ait dans l'étang ni brochets, ni perches, ni autre poisson vorace.

La première et la seconde année, ce petit poisson n'étant grand que comme une feuille de saule, on le nomme feuille en plusieurs endroits. Quelquefois au bout de deux étés il a quatre pouces de longueur, lorsque le fonds est très-bon ; mais c'est encore de la feuille, et il prend le nom d'alevin lorsqu'après le troisième été il a cinq pouces depuis le bas de l'œil jusqu'à l'angle de la fourchette de la queue, ce qu'on appelle entre œil et bat. Cet alevin est encore petit ; car pour être bon, il faut qu'il ait six pouces, et il est encore meilleur quand il en a sept, pourvu qu'il n'ait que quatre ans ; car on n'estime point l'alevin qui n'est parvenu à cette grosseur qu'au bout de cinq ans.

On doit exiger qu'il ait l'écaille nette et le corps assez gros, par proportion à la tête; celui qui aurait une grosse tête et un corps menu ne vaudrait rien. On rejette encore l'alevin qui a l'écaille noire, qui provient d'un étang bas et vaseux, dans lequel il tombe beaucoup de feuilles d'arbres voisins. Il pourrait néanmoins se réparer dans les grands étangs où il trouverait la bonne eau.

Lorsqu'on empoissonnera un grand étang avec de l'alevin de sept pouces, on fera bien d'y mettre du brocheton, pour empêcher que la carpe ne peuple trop et ne force dans cet étang.

### De l'Entretien de l'Etang empoissonné.

Il faut visiter de temps en temps toutes les parties des étangs, pour voir si la chaussée, la bonde, les déchargeoirs, la grille sont en bon état. Il faut nettoyer les fossés qui conduisent l'eau à l'étang; faire la chasse aux renards et aux lapins, qui fouillant dans les chaussées, les endommagent; afuter et tendre des piéges pour prendre les loutres; tuer les hérons et les autres oiseaux pêcheurs, même les canards, principalement sur les alevinières; ne pas souffrir qu'on aille pêcher dans l'étang à la ligne, à la truble, au carreau, à l'épervier, et encore avec plus de sévérité à la saine et au tramail : ce serait épuiser l'étang et montrer le chemin aux voleurs.

Il est bon d'avoir sur l'étang un petit bateau pour se mettre à portée de tirer sur les oiseaux, hérons, grues, canards, etc., pour faire la chasse aux loutres, arracher avec un croc les roseaux, qui forment quelquefois à la longue des îles flottantes, qui servent de retraite aux loutres et aux autres animaux malfaisants. On prétend cependant que les coups de fusils étonnent le poisson et le rendent malade. Enfin, il faut tendre de grandes souricières pour détruire les rats d'eau, qui s'y prennent d'autant plus volontiers, qu'ils sont plus gourmands, et des piéges ou traquenards aux loutres.

Si l'eau baisse considérablement dans l'étang, il faut essayer d'y en conduire, ou d'un ruisseau, si on en a à sa portée, ou même d'un étang supérieur, si l'on en a à sa proximité, quand on devrait pêcher l'étang supérieur hors de saison et mettre le poisson dans celui qui est plus bas.

## A quel âge il faut pêcher les Etangs.

Quand un étang est en bon fonds, et qu'il a été peuplé de bon alevin, on peut le pêcher trois ans après qu'il a été aleviné, c'est-à-dire, lorsque l'alevin a resté trois étés dans l'étang : par exemple, s'il avait été mis dans l'étang en janvier ou février 1800, on compterait qu'il a trois ans en octobre 1802.

Dans un bon étang, qui a été peuplé avec de l'alevin très-fort, les carpes se trouvent quelquefois assez grosses au bout de deux ans pour être vendues.

On est encore obligé de pêcher un étang au bout de deux ans, quand il y a de grandes réparations à faire à la chaussée, ou aux bondes, ou quand il y a de gros brochets qui détruiraient toutes les carpes.

Enfin, quand l'étang a été à sec l'année qui précède son empoissonnement, car on compte qu'une à sec et les deux années suivantes de bonne eau, valent trois ans.

Lorsqu'on a été obligé d'empoissonner son étang avec du fort petit alevin, le poisson n'est ordinairement parvenu à une bonne grosseur qu'au bout de quatre ans ; alors il ne faut mettre du brocheton dans l'étang que la troisième année.

Si l'on croyait les marchands, on ne pêcherait les étangs que la quatrième année. Comme les poissons seraient plus gros, ils y trouveraient leur compte; mais le propriétaire perdrait une année et beaucoup de poissons qui seraient mangés par les brochets.

**De la Saison où il convient de pêcher les Etangs.**

Plusieurs pensent qu'il ne faut pêcher les étangs que peu avant le carême. Cela peut être quand l'étang est tout près de l'endroit où l'on doit vendre le poisson ; mais il y a bien des raisons qui doivent déterminer à pêcher en octobre.

1°. On ne court point de risque des gelées, des crues d'eau ; et des autres accidents qui arrivent fréquemment pendant l'hiver ; d'ailleurs le poisson n'augmente pas en cette saison ; et s'il y a beaucoup de brochets, il vit pendant le retard, aux dépens de l'étang.

2°. En pêchant en octobre, lorsque le pilon est rabaissé aussitôt après la pêche, l'étang se remplit pendant l'hiver, et il n'est pas entièrement rempli des eaux de neige, qui sont contraires aux poissons.

3°. L'alevinière qu'on pêche en novembre, a le temps de se remplir pendant l'hiver, au lieu que si l'on ne pêchait ces étangs qu'en février ou mars, on courrait risque que l'étang n'eût pas le temps de se remplir suffisamment d'eau pour n'être pas à sec l'été, à moins qu'on ne pût conduire à volonté dans l'étang l'eau de quelque rivière ou de quelques sources abondantes.

4°. Quand on pêche en octobre, on est plus maître de ces eaux qu'en février, où il en tombe quelquefois trop abondamment.

5e. Les gelées continuant quelquefois bien avant en février, la pêche est trop retardée pour le carême.

6e. En pêchant en octobre, on a le temps de faire les réparations nécessaires à la levée, à la bonde, aux déchargeoirs et aux grilles, qui, au bout de trois ans, se trouvent quelquefois en mauvais état.

## De la Pêche des Étangs.

Quand on veut pêcher un étang, on lève le pilon de la bonde pour laisser écouler l'eau peu à peu. Il faut néanmoins l'ouvrir assez pour que l'eau baisse dans l'étang. Car dans ceux où il se rend des sources considérables, on n'avancerait rien, si l'eau qu'on laisse couler par la bonde, n'était pas en plus grande quantité que celle que les sources fournissent. Mais si l'on tirait l'eau trop vite, le poisson, n'ayant pas le temps de se débarrasser des herbes, resterait à sec, et serait perdu. Il arriverait encore que celui qui serait sous des îles flottantes y resterait pris comme sous une nappe, au lieu que laissant couler l'eau lentement, le poisson, qui sent que l'eau lui manque, cherche des endroits où elle est plus profonde; peu à peu il gagne le fossé du milieu, et se rend dans le poêle qui est auprès de la bonde. C'est pourquoi l'eau est quelquefois six semaines ou deux mois à s'écouler. Enfin, lorsqu'il n'y a plus d'eau que dans le poêle, il s'est rassemblé une quantité prodigieuse de poissons en cet endroit, où on les prend avec de petites sainettes ou des trubles. C'est alors qu'il faut garder l'étang jour et nuit, car un voleur aurait bientôt fait une pêche fort abondante avec un épervier.

Pendant que l'eau s'écoule, on forme des parcs de claies, ou avec des planches à un endroit où il reste de l'eau, et le matin à la fraîcheur, quand on pêche la poêle, des hommes accoutumés à juger par habitude de l'espèce et de la grosseur des poissons, les mettent promptement, chacun suivant leur espèce et leur grosseur, dans différents compartiments, les anguilles à part, la menuise dans d'autres parcs, dans un autre, la blanchaille; les brochets, qui se vendent à la pièce, dans un parc séparé, ceux qui se vendent comme carpes dans un autre. Il en est de même des perches. Pour ce qui est des carpes, quand on a séparé les grosses, qui se vendent à la pièce, on distribue les autres suivant leur longueur; celles de douze, celles de onze, celles de dix et celles de huit pouces sont séparées, et au moyen de ce triage, on est en état de les vendre au marchand qui se charge du transport : ou bien, comme cela se pratique souvent, les conventions étant faites entre le propriétaire de l'étang et le marchand, celui-ci préside à la pêche de la poêle, et fait sur-le-champ charger le poisson sur ses voitures et l'enlève.

Il y a des étangs vaseux où l'on ne peut pas former une bonne poêle : en ce cas, on ne pêche pas dans l'étang, mais on fait dans la fosse à la décharge de l'étang, avec des planches, de la maçonnerie ou des bazons, ce qu'on nomme Tombereau. C'est une enceinte dans laquelle, ayant ôté la cage de la bonde, et levé le pilon, on laisse passer le poisson avec l'eau, et c'est dans cet endroit qu'on le pêche.

Vis-à-vis le trou de la bonde, on fait un évasement pour que la vitesse du courant s'amortisse, et ne blesse pas le poisson. Quand tout l'espace est rempli d'eau, on baisse le pilon de la bonde, et on pêche dans le tombereau. Lorsqu'on a pris tout le poisson, on ouvre la vanne pour laisser écouler l'eau du tombereau, et on met un panier de bonde derrière cette vanne pour arrêter le poisson qu'on n'aurait pas pris. Lorsque le tombereau est vide, on ferme la vanne et on ouvre la bonde pour la laisser se remplir de nouveau; ainsi on pêche l'étang par éclusées. Il est important que le fond du tombereau soit bien uni.

### Des accidents auxquels sont exposés les étangs empoissonnés.

Il peut survenir beaucoup d'accidents à un étang aleviné, jusqu'à ce qu'il soit en pêche. Le plus fâcheux est s'il manquait d'eau pendant l'été. C'est la saison où les poissons profitent le plus; c'est aussi celle où ils ont plus besoin de nourriture. Ainsi s'il était possible, il faudrait mettre beaucoup d'eau dans l'étang, pour qu'en étendant la nappe d'eau, ils eussent abondamment de quoi se nourrir. C'est-là ce qui fait apercevoir le grand avantage des étangs qui peuvent tirer l'eau de quelques sources abondantes, ou d'une rivière : dans des années très-sèches, on est quelquefois obligé de pêcher hors de saison un étang supérieur, pour fournir de l'eau à celui qui est plus bas. On a même vu acheter l'eau et le poisson d'un petit étang élevé, pour ne pas perdre le poisson d'un grand étang.

C'est pour prévenir ces inconvénients, qu'on doit, dans le mois de mars, curer les fossés qui conduisent l'eau à l'étang, réparer les déchargeoirs, s'ils perdent l'eau, ainsi que la chaussée, et particulièrement la bonde, derrière laquelle on fera un cul-de-lampe, si cela est nécessaire. Avec ces précautions, si la poêle est suffisamment profonde, on perdra peu de poissons.

Quand les étangs sont bien pleins, les gelées ne fond pas périr le poisson. Il est de l'instinct du poisson, lorsqu'il sent l'eau froide, de se retirer dans les endroits où il y a plus d'eau, et de se bourber. Ainsi quand il n'y aurait dans la poêle que cinq pieds d'eau, comme il est bien rare que dans les forts hivers la glace ait deux pieds d'épaisseur, il resterait suffisamment d'eau sous la glace pour que le poisson y subsistât. Ceux qui mettent du poisson dans des fossés et des viviers, doivent prêter attention à ceci, afin de donner assez de profondeur à leurs réservoirs, pour ne point craindre les grands hivers.

Une circonstance bien fâcheuse, et à laquelle il n'y a souvent point de remède, est quand une gelée très-forte prend subitement; car alors les poissons qui n'ont pas gagné les endroits où l'eau est profonde, sont surpris par la glace, et périssent infailliblement quand le froid continue. En ce cas, si lon peut jouir de l'eau d'une rivière, il faut en verser beaucoup dans l'étang pour rompre la glace; mais il y a bien des circonstances où ce moyen, dont peu de propriétaires peuvent profiter, est insuffisant: par exemple, dans les faux dégels, si la glace est formée sur toute la superficie de l'étang, et qu'il survienne une pluie, cette eau s'amasse sur la glace. Dans ce cas, lorsque les poissons trouvent quelqu'ouverture au banc de glace, ils se pressent de sortir de dessous pour s'égayer dans cette eau nouvelle, et alors, si le froid reprend, le poisson se trouve enfermé dans la glace, et meurt infailliblement. Le seul moyen de réparer cet inconvénient, serait de tirer par les déchargeoirs, ou même par la bonde, l'eau qui couvre la glace. C'est à quoi sert admirablement une vanne, si l'on en a établi aux déchargeoirs. Comme elle tire l'eau de la superficie, elle produit un meilleur effet que la bonde, qui tire celle du fond. Heureusement les faux dégels ne sont pas ordinaires.

L'excès de la chaleur ainsi que celui du froid sont également pernicieux aux poissons; ils se plongent alors, se cachent dans les creux, et s'enfoncent dans la vase; ils y subsistent tant qu'ils y peuvent recevoir un air nouveau. Pendant les grandes gelées, ils reçoivent ce secours dans les rivières, par l'eau qui coule sous la glace; et dans les lacs, par celle qui les traverse, ou par les torrents qui y débouchent: mais comme ces avantages n'existent pas toujours dans les étangs, le poisson doit nécessairement y souffrir beaucoup; il y périt souvent, surtout si l'étang n'a pas une grande profondeur; la glace se resserre pour lors, et l'air qui reste renfermé dans l'eau, n'étant pas renouvelé, se trouve bientôt épuisé de ce qui pourrait se trouver de convenable aux poissons: la maladie et la destruction s'ensuivent.

Pour obvier à ces accidents, on pourrait introduire plusieurs courants d'air nouveau à divers endroits de l'étang, soit en établissant des tuyaux en fer, en bois, ou de toute autre matière, entourés d'une botte de paille, à la manière dont les Flamands conservent les pommes de terre dans des fosses, de façon qu'elle surmonte de quelque peu le tuyau au-dessus de la glace, pour empêcher que le froid excessif ne pénètre dedans; il faut plonger perpendiculairement dans les trous qu'on aura eu soin de faire à la glace, ayant eu la précaution de lester le bout qui doit occuper le fond de l'eau. On peut encore se servir d'un moyen plus simple; c'est de casser la glace à plusieurs endroits, et le répéter jusqu'à ce que le temps soit adouci.

Mais il faut, dans les temps de la gelée, faire garder soigneusement les étangs jour et nuit; car les piqueurs ne manquent pas d'aller la nuit faire des trous à la glace, ils y attirent avec de la lumière tout le poisson de l'étang, qu'ils prennent aisément avec une truble.

Il se forme dans les étangs des touffes de joncs ou de roseaux, qu'on nomme des jonchères. Elles grossissent journellement, et forment des îles, qui ont quelquefois assez de consistance pour qu'on puisse marcher dessus. Ce sont des retraites assurées pour les rats d'eau, qui détruisent les petits poissons, et pour les loutres, qui attaquent les plus gros, et font une destruction énorme, sans parler des hérons, des canards, etc., qui profitent de ces retraites pour faire leur pêche. Le moyen de parer à cet inconvénient, qui est considérable, est de détruire avec un bateau et des crocs ces touffes d'herbes, avant qu'elles aient pris une certaine consistance: mais comme elles ne manqueraient pas de reprendre racine, il faut les transporter hors de l'étang. Si on les avait laissées s'accumuler à un certain point, il serait impossible de les détruire tant que l'étang serait plein; mais lorsqu'il est vide, on fera bien de les enlever hors de l'étang, sans quoi ces îles ou miternes reparaîtraient bientôt plus grandes qu'auparavant.

On prétend qu'il faut, dans le mois de juin, faucher les roseaux et les glais qui, se multipliant énormément dans les étangs, font tort au poisson. Cela est praticable pour les viviers et autres petits réservoirs; mais à l'égard des grands étangs, on s'engagerait à faire une dépense considérable, dont on ne serait pas dédommagé; il faut se remettre à les détruire lorsque l'étang est à sec.

### Du Dépérissement des Etangs.

Quoique nous ayons dit que les grenouilles ne causaient aucun dommage aux étangs, l'exemple suivan prouverait le contraire:

« Un économe de Kœngisberg, voyant dépérir ses » étangs, chercha à en connaître la cause ; il crut l'avoir trouvée en apercevant qu'une armée de grenouilles les infestait ; depuis long-temps il laissait » vivre en paix ces animaux, sans les soupçonner de » malice ; enfin, il observa que les grenouilles dévo» raient le frai, et attaquaient les poissons affaiblis par » cette circonstance. Connaissant la cause du mal et » désirant y remédier, il peupla ses étangs d'écre» visses, celles-ci mangèrent les grenouilles, et ses » poissons prospérèrent. »

## De l'à sec des Étangs.

Il arrive que quand on pêche tard, l'étang ne se remplissant pas, on est obligé de le laisser à sec. Il en est de même si l'on manque d'alevin, et encore quand il y a des réparations considérables à faire à la chaussée, à la poêle, à la bonde, ou aux déchargeoirs. Dans tous ces cas, on est obligé de laisser l'étang à sec ; mais indépendamment de ces cas forcés, on fera bien de le tenir à sec pendant un, deux ou trois ans, tous les neuf à douze ans, pour raffermir le fond, détruire les roseaux et les grands joncs. Lorsqu'on empoissonnera l'étang ainsi reposé, on prendra à la première pêche peu de blanchaille, mais la carpe y prospérera tellement, qu'au bout de deux ans elle sera aussi forte qu'elle aurait été la troisième année. Outre ce dédommagement, on ne perdra pas entièrement son revenu pendant le temps de repos ; l'étang tenu à sec produira de bon foin, et en labourant les parties qu peuvent l'être, on pourra y semer de menus grains, qui y réussiront au mieux ; car le séjour de l'eau aura rendu ces fonds très-fertiles. De plus, par les labours réitérés, on détruira les plantes aquatiques qui endommagent les étangs, et on formera un terrain neuf; où le poisson trouvera en abondance de quoi se nourrir.

# NOUVEAU MANUEL

# DU PÊCHEUR.

## APPENDICE.

## PREMIÈRE PARTIE.

**De quelques pêches usitées dans quelques départemens de la France, et sur les bords de la mer.**

### PÈCHE OU CARREAU.

Cette pèche se pratique sur les bords de la Somme. Les maîtres des gribonnes d'Abbeville, pèchent au carreau dans les eaux salées et les eaux douces de la rivière; les filets dont ils se servent ont une brasse et demie en carré, et les mailles ont environ six lignes d'ouverture.

Les Calaisiens pèchent au carreau avec des petits

batelets qu'ils nomment flambars; ils ne s'écartent guère de la citatelle. Ces bateaux, ont un petit mât ou perche, de sept à huit pieds de longueur, qui s'incline pour que le bout excède le bateau. Au bout de cette perche est frappée une poulie qui reçoit un cordage menu qui porte le carreau. Quand on a hissé le carreau plus haut que le bord du bateau, le pêcheur l'amène à lui au moyen d'une petite ligne qui est frappée au bord du carreau.

On ne prend guère à cette pêche que des filets et des anguilles; elle commence à la fin d'avril, et finit au mois de septembre.

Si l'on se propose de prendre des ables, ou des petits poissons pour amorcer les hains, il faut que le pêcheur se place dans des endroits où il y a peu de courant; au-dessous de l'endroit où il plonge le filet, il met des tripailles ou du sang caillé dans un panier; les petits poissons, alléchés par cet appât, se rassemblent au-dessus de la nappe du carrelet, et on en prend quelquefois un bon nombre. Mais, pour attirer les gros poissons, on prend une bonne poignée de vers de terre, qu'on nomme achées ou lèches; après les avoir enfilés tous en travers et par le milieu du corps avec un fil retors, on noue l'un à l'autre les deux bouts de ce fil, on attache ce paquet de vers à l'endroit de la croisée, en sorte que les vers soient un peu au-dessous des bords de l'échiquier. Ces vers s'agitent, et bientôt on voit un nombre de petits poissons s'attrouper pour les manger : mais il ne faut pas encore relever le filet ; car, peu après il vient de gros poissons qui chassent les petits, et en relevant le carrelet, on les prend. Il y en a qui mettent l'appât de sang caillé, ou autre, au fond du carreau.

### De la chaudière ou Caudrette.

On appelle ainsi une espèce de *truble* sans manche qui est suspendue par des cordes et qui a peu de fond. Elle sert principalement à prendre des *crabes*, des *homards*, des *langoustes*, etc.

Les *petites caudrettes* dont on se sert à Saint-Valéry, en cours et autres endroits sont formées d'un cercle de fer qui a douze ou quinze pouces de diamètre ; les mailles du filet ont quatre lignes en carré. On met au fond pour appât, quelques crabes attachés au filet. On suspend le filet comme un plateau d'une balance par trois cordes, qui se réunissent à une, environ dix-huit pouces au-dessus du cercle. Au point de réunion, est attachée une ligne qui n'a que deux pieds de longueur : à son extrémité est une flotte de liége, qui sert à soutenir les lignes, et empêcher qu'elles ne retombent sur la caudrette. Au même point est armées une baguette d'environ dix-huit pouces de longueur, à laquelle on attache une ligne, qui est terminée par une flotte, qui indique où est la caudrette. Les pêcheurs jettent ces instruments à mer basse, entre les rochers, et de temps en temps ils les retirent en passant une fourche, sous la flotte de liége, ou à la réunion des lignes, comme font les pêcheurs, ce qu'ils continuent tant que la basse eau le leur permet. On prend beaucoup de chevrettes à cette pêche, qui se pratique depuis le printemps jusqu'à l'automne.

Le cercle des grandes chaudières, a jusqu'à deux pieds de diamètre. Il est garni d'un filet délié, qui fait sac, et qui est proportionné à la grandeur du cercle.

On y ajuste aussi les cordes, la petite ligne, la baguette; mais on couvre la caudrette avec plusieurs ficelles qui sont tendues d'un bord du cercle à l'autre, auxquelles on attache des appâts de poissons frais, comme orphis, crabes, etc. Deux ou trois hommes, se mettent dans un bateau avec sept à huit caudrettes, qu'ils calent jusqu'à cinq ou six brasses de profondeur, et ils les relèvent de temps en temps pour prendre les crabes, les araignées, les homards, les langoustes, qui ont mordu aux appâts, car on ne prend guère à cette pêche que des crustacés.

Pour que la pêche à la caudrette soit avantageuse, il faut que les eaux soient chaudes, parce qu'alors les crustacés s'approchent de la côte en plus grande abondance.

### De la Bouraque.

Cet instrument, diversement nommé, peut être regardé comme une sorte de nasse, qui ne diffère de la caudrette qu'en ce que la bouraque est faite avec de l'osier, elle a la forme de ces paniers de basses-cours qu'on appelle mues, et sous lesquels on élève la volaille ; avec cette différence que la bouraque a un fond de claie, que n'ont point les mues, et au-dessus une entrée en goulet formée par des osiers qui font un entonnoir, dont la pointe est en dedans de la bouraque. Les osiers qui forment ce goulet se terminent en pointe. Ainsi on peut comparer les bouraques à certaines souricières de fil de fer ; et on voit que le goulet permet aux poissons d'entrer facilement, mais qu'il s'oppose à ce qu'ils en sortent.

Il y a des bouraques de différentes grandeurs. Les grandes ont un pied de hauteur sur quatre de diamètre : elles ont deux, et souvent trois anses d'osier, où l'on attache des cordes qui se réunissent à une, laquelle est plus ou moins longue, suivant la profondeur de l'eau où l'on pêche. Cette corde est terminée par une flotte ; qui indique où est calée la bouraque lorsqu'on veut la tirer de l'eau; et on amène la corde à bord comme on fait des caudrettes, avec une fourche qu'on passe sous la flotte de liége.

On attache au fond ou aux côtés des bouraques quelques cailloux pour les faire aller au fond de l'eau; et dans l'intérieur quelques appâts, tels que de petits crabes, ou des morceaux de viande et de poisson, ou même une pierre blanche qui ait une forme un peu allongée.

Les grandes bouraques ont chacune leur ligne, et on les cale une à une. Quand on se sert des petites, on en attache plusieurs le long d'une corde qu'on tend en long, comme nous l'expliquerons à l'article nasses.

Cette pêche se fait tantôt à pied, tantôt avec des petits bateaux, tels que ceux qu'on appelle picoteux, sur la côte de Normandie, entre les rochers, depuis Bayeux jusque par le travers de la Hague.

Pour pêcher à pied, on va de basse mer entre les rochers, dans les endroits où il reste peu ou point d'eau, placer les bouraques, et on va les relever à la marée suivante.

Si on place des bouraques sur des rochers couverts, à basse mer, de six, huit et dix brasses d'eau, deux ou trois hommes se mettent dans un petit bateau avec un nombre de bouraques qu'ils calent jusque sur le fond : chaque bande de pêcheurs a soin de marquer les bouraques qui lui appartiennent, pour ne s'approprier que le poisson qui s'est pris dans ses bouraques.

Les bouraques ainsi placées, les pêcheurs vont à terre ; mais ils les reviennent visiter à toutes les marées, pour en retirer le poisson pris ; c'est ce que l'on fait au moyen d'une porte qu'on a ménagée sur les côtés.

Au retour de la pêche, on met les crustacés dans des réservoirs formés de claies, où on les conserve en vie dans de l'eau de mer, jusqu'à ce qu'on trouve le moyen d'en disposer.

### Du Bouteux.

Ce filet est une sorte de grande truble, puisqu'il est

en forme de poche, dont l'ouverture est tenue ouverte par une monture de plusieurs morceaux de bois, et qu'il a un manche avec lequel on le manie.

La monture de ce filet est donc formée par une perche de sept à huit pieds de longueur, suivant la grandeur du bouteux. A son extrémité est fortement assemblée une traverse qui forme avec la perche comme un 7 ; la pièce est taillée en chanfrein, et fait une espèce de taillant pour mieux gratter le sable. Aux deux bouts de cette traverse sont attachées deux gaules menues et pliantes, qu'on nomme volets; on les plie et lie l'une à l'autre pour former par leur union une portion d'éllipse.

### De la Grenadière.

La grenadière a, comme le bouteux, un manche et une traverse que les pêcheurs nomment seuil ; qui est taillé en biseau, et qui a jusqu'à sept ou huit pieds de longueur. Les pêcheurs y attachent un filet à mailles très-serrées. Ce filet forme une poche dont les côtés sont attachés à deux cordes qui se tendent d'une extrémité du seuil à une petite traverse de bois, laquelle n'a qu'un ou deux pieds de longueur, et est attachée au manche parallèlement au seuil, Il n'y a point ici de cercle : c'est en quoi il diffère du bouteux : les pêcheurs se mettent dans l'eau, la mer baissant ; ils poussent devant eux la grenadière comme le bouteux, et ils prennent les mêmes poissons.

## De la Bichette.

La bichette est un haveneau qui sert à plusieurs petites pêches au bord de la mer. Cet instrument est composé de deux bâtons courbés en arc : ils se croisent comme les perches des haveneaux, et y sont arrêtés par un clou rivé. Mais à cause de leur courbure, les bouts qui terminent la bichette se rapprochent; et ceux que les pêcheurs tiennent dans leurs mains s'écartent. Il y a, comme aux haveneaux, une traverse et une corde qui bordent le bout du filet ; on le charge d'un peu de plomb. Le fond du filet fait un sac proportionnellement plus profond que celui du haveneau.

La bichette sert pour prendre au fond des pêcheries les petits poissons qui y restent, ainsi que dans les mares qui n'assèchent point au retour de la marée. Mais cet usage lui est commun avec plusieurs autres petits filets.

## Pêche à la Faux.

Ce filet, nommé par les Brestois, guideau de pied, est à peu près comme le haveneau, quoique disposé différemment. Sa forme est celle d'un sac qui a six ou huit pieds de profondeur ; son embouchure est montée sur plusieurs morceaux de cerceaux qu'on joint les uns aux autres pour former une portion de cercle très-surbassée. Une corde s'étend d'une extrémité de l'arc à l'autre ; et l'ouverture du filet, qui est de dix à douze pieds, est attachée en partie aux cerceaux et en partie à la corde. La flèche de cet arc au milieu est de cinq pieds.

Pour se se servir de cet instrument, deux hommes prennent la faux chacun par un bout ; la marée montante ou baissante : ils présentent l'ouverture du filet au courant. Lorsqu'ils sentent qu'un poisson a donné dans le filet, ils en enlèvent l'embouchure pour faire tomber le poisson dans la manche, et sur le champ ils le replongent pour attendre un autre poisson. Les mouvements que les pêcheurs se donnent pour faire entrer le filet dans l'eau et l'en retirer, ont paru approcher de ceux des faucheurs, ce qui a peut-être engagé à donner le nom de faux à cet instrument dont les mailles ont ordinairement un pouce carré.

### De la tente des Guideaux à bas étaliers.

Les pêcheurs étaliers riverains du mont Saint-Michel, tendent des guideaux avec trois piquets, dont deux servent à tenir l'embouchure ouverte, au moyen d'anneaux d'osier qui sont de chaque côté et dans lesquels on passe les piquets; la queue de guideau est amarée sur un troisième piquet, et ils tiennent le guideau le plus tendu qu'il leur est possible. Par ce moyen, ils ferment les mailles qui sont déjà fort étroites. On nomme ces guideaux à petits étaliers. Ces filets tendus ne s'élèvent pas plus de quatre pieds au-dessus du terrain. On les appelle aussi volans, parce que les pêcheurs les changent souvent de place.

### Des Guideaux perfectionnés.

On a imaginé de mettre dans la chausse, à différentes distances, de petits cerceaux de bois, d'abord en petit nombre, et qu'on a ensuite multipliés On a ensuite diminué la longueur des chausses, et augmenté la largeur. Mais afin d'éviter que le poisson ne s'échappe lorsqu'une fois il est entré dans le filet, on a rempli ce but en plaçant un goulet avec un cerceau qui tient toujours ouvert l'embouchure du filet, figuré comme un entonnoir, dont l'ouverture du pavillon est attachée au cerceau. La pointe de ce filet se termine et est soutenue dans l'axe du filet principal par quelques fils déliés; et pour que le poisson entre aisément dans le filet, par des fentes qu'on pratique à la pointe du goulet, ces filets sont tendus mollement.

### Des Verveux ou Verviers.

Le verveux le plus simple, est un filet en forme de cloche, et un peu conique, d'une ou deux brasses de longueur, dont l'entrée porte trois ou quatre pieds de diamètre. Le corps de ce filet va un peu en se rétrécissant, il prend une forme conique. A la pointe de ce cône on fait un œuillet qui sert à fixer le verveux dans l'endroit où on le tend.

Le corps du filet est soutenu par quatre, cinq, ou six morceaux menus et légers qu'on met dedans.

A Nantes, où l'on fait usage de verveux, qu'ils nomment *loup*, pour joindre l'une à l'autre les gaulettes qui forment les bouts dans des tuyaux de sureau. Ailleurs, on fait cet ajustement plus proprement avec des révolutions de fil retors.

Le cerceau de l'entrée est plus grand que tous les autres, dont les diamètres vont toujours en diminuant.

On ajoute presque toujours devant le cerceau, ce qu'on nomme la coiffe. Cette partie, qui s'évase beaucoup est soutenue par une portion de cercle dont les extrémités sont assujetties par une corde ou barre de bois, qui s'tend de l'une à l'autre. Au moyen de cette traverse, le côté de la coiffe qui est en bas, ayant une forme plate, il s'applique plus exactement sur le terrain. Le verveux, non compris la coiffe, est attaché à toute la circonférence du premier cerceau, et comme le filet est large, assez court, et soutenu en plusieurs endroits par des cerçeaux, le poisson en sortirait aisément si l'on ne mettait pas en dedans un goulet, dans lequel on ajoute souvent un petit cerceau pour que l'entrée en soit plus accessible au poisson.

C'est ce goulet qui caractérise le verveux, et qui établit la différence d'avec le guideau. Le poisson qu s'engage dans le goulet passe sans difficulté dans le corps du verveux par les fentes à la pointe du goulet; il en écarte les fils, comme il fait les herbes qui se présentent à son passage. Une fois qu'il est dedans le verveux, il se trouve à l'aise et nage de tous côtés sans jamais reprendre, pour en sortir, la route qu'il a suivie en y entrant : et comme il n'est pas gêné, on le retire sain et en vie : ce qui donne aux verveux un grand avantage sur les guideaux.

### Des Verveux à plusieurs entrées.

Comme les poissons nagent en tous sens dans les eaux dormantes, pour chercher leur nourriture, et que rien ne les détermine à suivre plutôt une route qu'une autre, on fait des verveux qui ont plusieurs entrées, quelquefois jusqu'à quatre, pour que le poisson y entre plus facilement.

On fait des verveux cubiques, qui ont cinq entrées, et qu'on nomme quinqueportes. Dans tous ces verveux, qui sont montés sur un bâti de bois, il faut ménager une porte pour en retirer le poisson.

On cherche à les placer auprès des crosnes ou dans les herbiers. Dans ce dernier cas, les pêcheurs coupent l'herbe dans l'endroit où ils se proposent de placer le verveux, et comme les poissons qui se retirent dans les herbiers aiment à trouver une place nette d'herbes, il est avantageux d'y faire de petites routes qui aboutissent à l'endroit où l'on place le verveux.

### De la façon de tendre les Verveux.

Les pêcheurs tendent ainsi une trentaine de verveux; et suivant les différentes circonstances, ils vont les relever après les avoir laissés à l'eau plus ou moins de temps.

Lorsqu'il fait frais, on peut les y laisser une couple de nuits sans relever; mais s'il faisait chaud, il faudrait ne les y laisser qu'une nuit, sans quoi ils seraient bientôt pourris.

Quand on pêche dans une eau dormante, il est assez différent de quel côté on tourne la bouche du verveux, et c'est le cas où il est avantageux de tendre des verveux à plusieurs entrées. Mais les pêcheurs ne sont pas d'accord lequel est préférable d'opposer la bouche du filet au courant, ou de la placer en sens contraire. Cette situation semble être la meilleure quand le courant a peu de rapidité, parce que les poissons refoulent ordinairement le courant quand ils sont effrayés. Mais il n'en est pas de même lorsque le courant est rapide; car en ce cas il entraîne plusieurs espèces de poissons comme malgré eux.

Lorsqu'on tend des verveux au bord des rivières, on les place dans des endroits où il y a peu de courant, et la plupart des pêcheurs opposent au courant le fond du verveux. Mais au bord de la mer, sur les grèves, on présente toujours la bouche du filet au courant.

### Manière de tendre des Verveux doubles.

Pour tendre le verveux double et cylindrique, ou tambour, que quelques-uns nomment louve, on le porte près de l'endroit où on veut le placer, c'est ordinairement dans les herbiers. On y coupe les herbes avec un croissant, pour faire une route, une coulée ou une passée, précisément de la largeur du tambour, afin que le filet aille au fond de l'eau. On attache une corde au milieu du bâton opposé à celui qui est chargé de pierres. Si l'on place le tambour sur le bord de l'eau, la corde doit être assez longue pour qu'on puisse s'en servir à relever le filet. Mais quand on tend le tambour avec un bateau, il faut mettre au bout de la corde une flotte de liége, ou un signal de roseaux secs, qui indique l'endroit où le tambour est calé.

Pour mettre le tambour à l'eau, on le prend avec les deux mains par les bouts et l'on met sur la tête le bâton qui est opposé à celui qu'on a chargé de pierres. Etant à portée de la passée qu'on a faite entre les herbes, on jette le tambour à l'eau, en retenant le bout de la corde; puis avec une perche fourchue on place le tambour exactement au milieu de la passée, de façon que s'il y a du courant, l'eau traverse le tambour dans toute son étendue.

Ce filet peut se tendre le jour et la nuit ; mais si on l'a mis à l'eau deux heures avant le soleil couché, on va le relever deux heures après le soleil levé.

## Des petits Verveux.

On fait usage à Cette de ces petits verveux, qu'on appelle bertoulens ou bertoulottes. Les pêcheurs forment des petites routes dans les herbes qui remplissent les étangs aux endroits où il y a peu d'eau, et ils placent un bertoulen à l'entrée de ces routes ou canaux. Les poissons trouvent un chemin libre dans les canaux, ils le suivent, et entrent dans le bertoulen. On tient le filet avec trois bouts de roseau que l'on pique dans le fond, et dont on assujétit la pointe, tandis que les deux autres maintiennent en état l'entrée du bertoulen. Un seul homme en tend cinquante ou soixante en différents endroits, et il peut seul suffire à cette pêche, qu'on pratique toute l'année, et à laquelle on prend des muges, des dorades, des anguilles, etc. Les mailles de ce filet sont fort serrées.

## Des Verveux qu'on tend sur les grèves, au bord de la mer et entre les rochers.

Il y a deux façons d'arrêter les verveux au bord de la mer. Les uns sont retenus par des pierres ; et on es nomme verveux pierrés. Pour cela on attache à la pointe du verveux une grosse pierre; on met à tous les cercles des lignes auxquelles on attache des pierres, et on amarre au milieu du demi-cercle qui soutient la coiffe, une corde à l'extrémité de laquelle est une grosse pierre qui tient une corde tendue. Ces amarres suffisent pour assujettir les verveux contre les courants; il n'y a que les ouragants qui les emportent quelquefois et les jettent à la côte.

Cette pêche se pratique au bord de la mer et entre les rochers où il reste de l'eau de la basse mer.

## Des Appâts qu'on met dans les Verveux simples, pour engager les poissons à y entrer.

Rien n'est plus propre à engager les poissons à entrer dans les filets que d'y mettre entre le corps du verveux et le goulet, quelques individus de la même espèce.

On attache aussi aux cerceaux dans l'intérieur du filet, quelques appâts, tels que des os de porc salé, du tourteau de chenevis ; et on estime que pour se procurer un excellent appât, il faut faire cuire à demi à la broche, un lièvre qui commence à se gâter, et l'arroser avec du miel : la chair de ce lièvre, ainsi que des rôties imbibées du jus qui en est tombé dans la lèchefrite, attirent beaucoup les poissons. Ces différents appâts conviennent à tous les filets dormants.

**Façons d'ajouter des ailes aux Verveux doubles, qu'on nomme Louves.**

Quand on veut placer ce filet double dans un endroit où il n'y a pas d'herbes et où la nappe d'eau est large, on ajuste aux deux extrémités du corps de la louve deux grandes coiffes, et outre cela des ailes qui sont des bandes de filet, qu'on soutient verticalement par des piquets, et qui s'étendent depuis la coiffe du filet jusqu'aux rives de l'eau.

Lorsque ce filet, ainsi ajusté, est dans une rivière où la marée remonte, on prend le poisson qui entre avec le flot, et celui qui retourne à la mer lors du ussan (1). C'est pour cette raison qu'on a donné le nom de rafle à cette espèce de filet, où se trouvent arrêtés les poissons qui montent contre le courant, comme ceux qui suivent le fil de l'eau.

**Manière de tendre le Guideaux ou Verveux dans des flasques d'eau où il y a peu de courant.**

Dans les mares et les étangs où il y a peu de courant, on emploie quelquefois des pieux et des filets pour former des palissades en zig-zag, qui couvrent toute l'étendue du terrain, et on place des guideaux

(1) Reflux ou le descendant de la marée.

ou des verveux aux angles saillants, quelquefois même aux angles rentrants.

Ces grandes ailes ou palissades servent à conduire le poisson dans les filets. Il est sensible qu'on peut ajuster ces ailes en bien des façons différentes pour les rendre convenables aux terrains sur lesquels on les tend, et souvent on a soin de diriger l'embouchure des guideaux ou des verveux en plusieurs sens, pour qu'ils reçoivent les poissons qui suivent différentes directions.

**Tente des Verveux dans les haies.**

Les haies ou arrêts sont des files de pieux qu'on met sur les bords des rivières pour diminuer le courant de l'eau. Les pêcheurs placent des verveux en sorte que l'embouchure regarde d'un peu loin l'endroit où se rapproche deux files de pieux, afin que les poissons qui vont s'y ranger pour être à l'abri du courant, entrent dans le filet. Ainsi, ces verveux se placent dans la haie des gros, au lieu que les précédents se tendent à la pointe et dans le fort courant.

Quand on tend des verveux à l'embouchure des rivières où la marée monte, on place la bouche des verveux à mont ou à val, suivant le cours de l'eau. La pointe des verveux est retenue par des piquets, et l'ouverture par des câblières qui sont aux pointes des cerceaux de la coiffe : mais quand on les pose en sens contraire, il est bon de mettre des piquets au lieu de cablières.

### Des Bouraches ou Nasses qu'on tend dans les rochers, et des Nanses des Provençaux.

A l'article caudrette, nous avons parlé de la bouraque ; quand elle est faite entièrement d'osier, c'est une vraie nasse, ressemblante à certaines ratières de fil d'archal, qui ont, comme elle, un ou plusieurs goulets.

Les nanses des Provençaux, diffèrent très-fort de ce qu'on appelle bouraque ; elles sont d'une forme ovale applatie. Assez souvent on ne fait en osier que la charpente ; qu'on enveloppe avec un filet. Ces nanses, qu'on fait volontiers ovales, ont à chaque bout un goulet en entonnoir, par où le poisson entre dans la nanse : au-dessus et au milieu est un trou fermé par une porte qu'on ouvre pour retirer le poisson qui est entré dans la nanse.

On met dans la nanse quelques appâts semblables à ceux pour les bouraques ; on y emploie particulièrement des oursins. Au-dessous de la nanse, sont amarrées quelques pierres pour la faire caler ; et sur les côtés sont des anses ou mains pour attacher des cordes qui se réunissent à une seule, au bout de laquelle est un signal, destiné à faire retrouver la corde qui répond à la nanse, et qui doit servir à la retirer de l'eau.

On tend les nanses comme les bouraques entre les

rochers ; et la pêche est plus avantageuse quand il fait chaud que par le froid.

### Des Nasses avec lesquelles on prend des Lamproies auprès de Nantes.

Les nasses ou nanses dont se servent les Nantais pour prendre des lamproies ont la forme d'un cône. Au bout est un goulet, qui se resserre beaucoup.

On les tend dans les endroits où il y a un courant fort rapide, auquel on présente le goulet.

### Pêche avec les nasses dans la Garonne.

Les nasses que les pêcheurs des environs de Marmande appellent bergoi, ont environ cinq pieds de longueur et trois pieds et demi de circonférence, prise au milieu, qui est la partie la plus renflée. Ils attachent de grosses pierres à ces nasses pour les faire caler, et une corde afin de les retirer commodément de l'eau. Ils mettent dans les nasses, pour appâts, du pain de noix, qu'ils nomment nagas.

### Des Saines ou Sennes.

On comprend quelquefois, sous la dénomination de saine, toutes les espèces de filets en nappe, et, en ce cas, on les distingue en saines tendues sur piquets, et saines flottées et pierrées. Nous ne parlerons que des saines proprement dites, qui sont des filets simples, plus ou moins grands, dont les mailles n'ont point de calibre déterminé pour aucune espèce de poisson, et qui ont toujours beaucoup plus de longueur que de chute. Comme il faut que ces filets se tiennent verticalement dans l'eau, la relingue, qui en borde la tête, est garnie de flottes de liége ou de bois; et la relingue, du pied, est chargée de lest. Aux extrémités de la relingue de la tête, sont frappées des cordes plus ou moins longues, qu'on nomme les bras. On les dispose différemment. Ces bras servent à tendre ou traîner le filet.

Toutes les pêches à la saine se faisant en traîne, on ne peut les pratiquer que sur des fonds unis, et elles détruisent beaucoup de frai et de menuise, parce qu'en traînant le filet, les mailles se rétrécissent; mais encore parce qu'il s'amasse dans la saine des immondices qui empêchent que le frai et la menuise ne traversent les mailles. A l'égard de la grandeur des mailles, les pêcheurs la varient beaucoup. Quand ils se proposent de prendre du gros poisson, ils les tiennent assez larges; mais lorsqu'ils veulent pêcher de fort petits poissons, ils tiennent nécessairement les mailles très-serrées; ils emploient du fil très-fin pour les mailles qui sont auprès de la ligne où sont attachées les flottes; et en cet endroit, ils tiennent les mailles de treize à quatorze lignes d'ouverture en carré; celles du milieu, qui sont d'un fil plus fort, sont moins grandes; enfin la partie du filet qui est vers le pied, ou auprès de la relingue chargée de lest, est faite d'un fil encore plus fort; en cet endroit, les mailles n'ont que dix lignes en carré. La longueur de ces filets varie depuis huit brasses jusqu'à soixante, et à même plus, et leur chute est de quatre, cinq et six pieds et au-delà.

### De la pêche avec la Saine dans les petites rivières, et dans les courans d'eau entre les bancs, lorsqu'ils ont peu de largeur.

Les filets dont il s'agit sont plus ou moins longs, et leur chute plus ou moins haute, suivant la largeur du courant et la profondeur de l'eau. Mais l'usage de ce filet ne consiste pas à ce que le poisson s'y emmaille; il faut le regarder comme un crible qui laisse passer l'eau et arrête le poisson qu'il rencontre.

La saine, par sa position, forme dans l'eau une courbe dans le sens de sa longueur. Et comme le poisson ne s'emmaille pas, on ne peut relever le filet qu'en joignant l'une à l'autre les deux relingues pour renfermer le poisson dans cette duplicature. Ces circonstances servent à distinguer la saine d'avec les tramaux, les manets et les folles.

On peut pêcher sans bateau dans les rivières ou les courants qui ont un peu de largeur. Pour cela les pêcheurs s'étant partagés, moitié d'un côté, moitié de l'autre, ceux qui ont le filet de leur côté attachent une pierre au bout de l'un des bras et ils la jettent aux pêcheurs qui sont de l'autre bord. Quand ceux-ci ont saisi le bras qu'on leur a jeté ; ils halent sur ce bras et tirent ainsi le filet vers eux à mesure que ceux qui l'ont de leur côté le jettent à l'eau. Quand tout le filet est établi de la sorte par le travers du courant, les pêcheurs de l'un et de l'autre bord halent chacun sur un bras pour traîner le filet.

Lorsqu'on a traîné dans une anse qui n'a pas beaucoup de profondeur, les pêcheurs de l'un et l'autre bord se réunissent au fond de l'anse, et, prenant le filet par la relingue du pied et celle de la tête, afin d'envelopper le poisson, ils tirent la saine à terre.

Dans le cas où on pêche dans une petite rivière, comme on ne peut pas en gagner le bout de même qu'à une anse, les pêcheurs d'un bord amarrent leur bras à un piquet, ceux de l'autre bord lient une pierre au bout du bras sur lequel ils ont halé et jettent la pierre à leurs camarades. Ceux-ci remontent la rivière, et, tirant le bras, ils font décrire une courbe au filet ; puis, ramenant ce bout à celui qu'ils ont amarré au bord de l'eau, et ayant choisi une place convenable, ils tirent le filet à terre. Après quoi ils jettent encore la pierre aux pêcheurs qui sont à l'autre bord et recommencent la pêche.

Qand la rivière ou le courant a trop de largeur pour

qu'on puisse jeter un bras de l'autre côté, on met le filet dans un petit bateau où s'embarquent trois hommes, et trois autres, qui se tiennent à terre, conservent un des bras. Deux de ceux qui sont dans le bateau rament pour traverser le courant, et le troisième jette à l'eau le filet pli à pli.

Quand le bateau est arrivé à l'autre bord, les six pêcheurs, trois d'un bord et trois de l'autre, halent sur les bras et traînent le filet. Lorsqu'ils ont traîné durant un certain temps, ceux qui ont mis le filet a l'eau remontent dans le bateau et gardent le bras sur lequel ils ont halé; ils repassent l'eau en décrivant une ligne circulaire ; puis finissent par rejoindre leurs camarades pour tirer le filet à terre.

### De la pêche au Colleret dans les étangs, au bord de la mer et entre les rochers.

Dans les endroits où il y a peu d'eau, on traîne à bras et à pied un filet simple, plombé et flotté, en un mot, une petite saine de huit à dix brasses de longueur, sur une brasse ou une brasse et demie de chute, et quelques-uns de ces filets n'ont à leurs bouts que trois pieds de hauteur, pendant qu'ils ont trois à quatre brasses de chute au milieu, afin de former dans cet endroit une espèce de poche qui retienne le poisson.

La tête du filet est garnie de flottes de liége, et le pied de bagues de plomb. Qeulquefois il n'y a qu'une corde au haut et une au bas du filet, qui se rejoignent à quelque distance et ne font plus qu'une seule corde, au bout de laquelle ils forment comme une bandoulière pour traîner le filet.

La grandeur des mailles varie depuis douze lignes jusqu'à quinze, suivant l'espèce de poisson qu'on se propose de prendre : en sorte qu'assez souvent elles n'ont même que dix lignes en carré. Presque toujours les mailles du fond sont plus serrées que celles des extrémités.

Les pêcheurs attachent aux deux bouts du filet un bâton, dont la longueur égale la largeur que le filet a à ses extrémités. On met le gros bout du bâton, qu'ils nomment bourdon, en bas, et on attache ce bâton au bout du filet.

On attache aux extrémités de ces bâtons deux cordes qui se réunissent à une petite distance du filet, et c'est à ce point de réunion qu'on amarre les bras, qui ont soixante à soixante-dix brasses de longueur. Enfin, on ajuste au gros bout de ces bâtons, qui répond à la corde plombée, un morceau de plomb pesant cinq ou six livres, pour qu'il contribue avec le lest à faire prendre au filet une position verticale.

Le filet étant à l'eau, les pêcheurs qui en tenaient les extrémités se forment une bandoulière avec les cordes qui font les bras ; et entrant dans l'eau presque jusqu'au cou, ils traînent le filet dans une longueur d'environ cent brasses, à peu près parallèlement au bord de l'eau. Peu à peu les deux pêcheurs se rapprochent l'un de l'autre, faisant décrire au filet une portion de cercle ; et, étant réunis, ils tirent le filet sur le sable, où ils prennent le poisson qui se trouve renfermé dans la saine, et le mettent dans le panier.

Les pêcheurs nomment cette traînée de filet un trait. Ils continuent à faire de nouveaux traits, tant que la marée le leur permet. Car lorsqu'elle monte, elle les force de s'approcher de la côte et les oblige enfin de se retirer plus tôt ou plus tard, suivant les parages et la force des marées. Ordinairement on commence cette pêche deux heures avant que la marée soit tout-à-fait basse, et elle finit après que la marée a commencé à monter.

Souvent les compagnons qui ont aidé à mettre le filet à l'eau prennent des perches pour battre l'eau, en marchant un peu à côté, mais toujours au-devant de ceux qui traînent, afin de déterminer le poisson à donner dans le filet.

On fait de plus petits collerets pour prendre les poissons qui sont restés entre des rochers ou des îles, dans des endroits qui n'assèchent pas de basse mer. Ces petits collerets tiennent lieu des grands havenaux qui servent aux mêmes usages. On s'en sert pour prendre des esquilles et des hamilles ou saumons.

**Collerets traînés par des chevaux.**

Les pêcheurs flamands, en faisant traîner leurs filets

par des chevaux, ce qui est praticable sur les sables fort unis, mettent ordinairement un cheval sur chaque bras; mais quelquefois ils y en mettent deux, ou même un plus grand nombre ; plus ils se procurent de force, plus ils augmentent la grandeur du filet. Au reste, cette pêche se fait précisément comme celle du colleret à pied. Ils finissent par tirer le filet sur le sable, et quand ils ont pris le poisson, ils recommencent un nouveau trait, lorsque la marée le leur permet.

Cette pêche se fait ordinairement depuis le mois d'avril jusqu'à celui de septembre; mais elle n'est praticable que par les beaux temps et lorsque la mer est calme. Inutilement voudrait-on la pratiquer lorsque les eaux sont froides, alors les poissons se retirent dans la grande eau, et les pêches qu'on fait sur le rivage sont infructueuses.

### De la pêche à la Saine avec des Vireveaux ou Treuils.

Le commun des pêcheurs n'ayant pas de chevaux, et outre ceux-là, il s'en trouve qui, ayant de grandes saines, ne sont pas en nombre suffisant pour les haler. En ce cas, après avoir engagé un des bras dans un trueil qu'ils ont établi sur le rivage, ils se mettent tous dans un bateau pour tendre leur filet. Puis ils amènent à terre le bras forain et ils l'ajustent sur un autre trueil qu'ils ont solidement établi sur le rivage auprès du premier; ensuite, tournant avec des leviers le cylindre du trueil, ils amènent peu à peu le filet à terre. Cette opération est longue; mais elle a l'avantage de pouvoir être exécutée avec peu de monde.

**Pêche avec la Saine, dont un bras est amarré à terre.**

Ayant amarré un bras de la saine à un pieu au bord du rivage, les pêcheurs embarquent le filet dans un bateau, et nagent au large pendant qu'un d'eux met peu à peu le filet à l'eau, à mesure que le bateau s'éloigne de la côte. On essaie de former comme un demi-cercle, et on décrit une ligne circulaire aussi grande que le filet et même ses bras, peuvent le permettre. Les pêcheurs ramènent ensuite le bateau à l'endroit où est amarré, au bord de l'eau, un des bouts du filet. Alors les pêcheurs du bateau mettent pied à terre, se joignant avec ceux qui se trouvent au bord de l'eau, ils tirent de concert le filet à terre, et prennent le poisson. Vers l'embouchure de la Villaine, et en remontant cette rivière, on voit souvent un homme seul, ou aidé d'un petit garçon faire la pêche dont nous venons de parler; mais ces saines sont petites.

**Observations sur la pêche de la Saine.**

Les pêcheurs choisissent un endroit qui ait quarante ou cinquante pas en carré, observant qu'il n'y ait ni bois ni racines, ou autre chose qui puisse servir d'obstacle à cette manière de pêcher. Ensuite ils appâtent cet endroit trois ou quatre jours de suite, à deux toises près du bord de la rivière, étang, ou autre lieu où ils ont résolu de tendre leur filet : le jour pris pour cela, ils vont le matin y jeter pour appât des fèves préparées, puis ils reviennent, vers les deux heures après midi, tendre la saine de la manière ci-après : ils mettent ainsi le filet à l'eau, à quarante ou cinquante pas éloigné du bord. A chaque extrémité du filet sera attachée une corde dont l'un des bouts sera fixé à un piquet, l'autre sur le bord de la rivière ou de l'étang.

Le tout étant ainsi préparé, ils gardent le silence, et ayant fait un petit bûcher de bois et de paille, et l'ayant placé entre les deux piquets, ils se retirent jusqu'à la nuit, qu'ils reviennent pour y mettre le feu. Plus le temps est obscur, plus abondante en est la pêche.

Quand on veut tirer le filet, l'un des pêcheurs donne un coup de sifflet pour servir de signal aux deux autres qui tiennent et qui les tirent le plus promptement possible, afin de donner au filet toute l'étendue qui lui convient en manière d'arc, pour que le poisson ne puisse sortir. Les pêcheurs prennent des perches avec lesquelles ils fouillent le fond et les bords de l'eau, approchant les deux bouts du filet l'un contre l'autre, et tirent le tout hors de l'eau pour en ôter le poisson.

## Pêche des Coquillages qui s'attachent aux rochers.

Plusieurs coquillages, et particulièrement les moules, s'attachent aux rochers que la mer recouvre à toutes les marrées. Les pêcheurs vont à basse eau les détacher avec un crochet, qui est ajusté au bou d'une perche plus ou moins longue, suivant l'élevation des rochers ; et quand ils les ont fait tomber les femmes les ramassent dans des p aniers. Lorsque les roches sont basses et à portée de la main, les hommes, les femmes et les enfants les détachent avec une espèce de couteau, qu'on nomme étiquette sur les côtes de Normandie.

## Pêche au Palot, à la Bêche ou à la Fourche.

Comme le poisson est ordinairement enfoncé dans le sable, à près d'un pied de profondeur, on se sert d'une vieille bêche qu'on nomme palot, ou d'une fourche qui a trois ou quatre larges dents, et en labourant le terrain, on en tire des vers, des coques ou vanets, des ramilles et même de différentes espèces de poissons plats. Cette pêche se pratique depuis le mois de février jusqu'à Pàques.

Quantité de poissons qu'on nomme saxatiles, se retirent dans des trous qui se trouvent dans les roches, ou se fourrent sous de grosses pierres. Les pêcheurs en prennent qu lquefois à la main ; mais comme plusieurs pourraient les blesser, ou qu'ils courraient risque d'être fortement pincés par les gros crabes et les homards, ils s'arment, pour les tirer de leur retraite, d'un instrument qu'on nomme angon, près Marennes, qui est une broche de fer barbelée et ajustée au bout d'une perche, ou de grands crocs semblables, mais plus forts que la lame d'une faucille, et qui ont un manche de trois ou quatre pieds de longueur : ou bien ils ont un grappin, ou crochet emmanché au bout d'une perche, dont ils se servent pour visiter les trous et en faire sortir les poissons, qu'ils auraient peine à tirer sans ce secours. Ils renversent les pierres à bras, ou avec un levier, si elles sont trop grosses, et prennent les poissons qui sont dessous, ou avec la main, s'ils ne sont point trop gros, ou avec un digon, un grappin, ou la grande faucille, avec laquelle ils les tuent, s'ils sont trop dangereux. Dans ce cas, le crochet n'est quelquefois qu'un gros hain à morue attaché au bout d'une perche, où ils forment des digons avec le même hain redressé.

### Pêche à l'Espadot.

On nomme espadot une broche d'environ deux pieds et demi de long, dont le bout forme un crochet qu'on ajuste à une perche longue d'environ trois pieds, qui augmente un peu de grosseur du côté qu'on tient à la main.

Les pêcheurs se servent de cet instrument à pied et de basse mer pour prendre les poissons qui restent au fond des écluses et dans les endroits qui ne sèchent pas de basse mer. Ils font cette pêche de jour, mais plus souvent de nuit. En ce cas, ils vont dans les endroits où il reste de l'eau, avec des brandons de roseaux ou de la paille, et quand ils aperçoivent un poisson, ils l'arrêtent avec le crochet de l'espadot et l'assomment avec le même instrument.

**Pêche de Coquillages, Vers de mer, Lançons et autres poissons de basse mer, sur les sables, avec un crochet qu'on traîne.**

Dans les endroits où le sable peut s'entamer aisément, les jeunes gens prennent un crochet double, qui a une douille pour recevoir un manche de cinq ou six pieds de longueur; ils le passent entre les jambes pour appuyer dessus ce manche avec une de leurs cuisses, comme les enfants qui montent à cheval sur un bâton, et courant de toute leur force, ils entament et labourent le sable : des gens qui suivent ramasssent les coquillages, les vers et les poissons qui se trouvent dans le sable qui a été renversé. Cette pêche est très fatigante pour celui qui traîne le croc.

**Pêche aux Râteaux, sur les grèves et les sables.**

On emploie deux espèces de râteaux, l'un petit, et l'autre semblable à ceux dont les jardiniers se servent dans les otagers, est employé à ramasser entre les rochers les coquillages qu'on a détachés avec l'étiquette ou les autres instruments. Mais on emploie pour les poissons plats, les lançons et les vers qui s'enfouissent dans le sable, des grands râteaux, dont la tête a trois à quatre pieds de longueur et est garnie de douze à quinze dents de fer qui sont fortes et ont sept, huit à dix pouces de longueur; le manche a sept à huit pieds de long. Vers le milieu, un peu plus du côté de la tête, est ajusté un morceau de bois de deux ou trois pieds de longueur, que le pêcheur saisit de la main gauche, pendant qu'il tient de la droite le bout du manche. Ce morceau de bois, qui s'élève verticalement, lui donne la facilité d'appuyer sur le rateau, pendant qu'il le tire de la main droite; car cette pêche ne consiste qu'à traîner le râteau sur le sable pour en faire saillir le poisson qui s'était ensablé. C'est pourquoi ces pêcheurs ne prennent que des vers, des coquillages et des poissons plats, rarement des esquilles, qui, pour l'ordinaire, sont trop souvent dans le sable.

Le temps le plus favorable pour cette pêche est par les chaleurs et les grandes marées qui découvrent beaucoup.

### Pêche à la Herse sur le sable.

On attèle un bœuf à la herse ou un cheval, et on la traîne de basse mer sur les sables. Quand ils sont couverts de quelques pouces d'eau, la pêche ne s'en fait que mieux. Pendant qu'un homme conduit la herse, quelques enfants ou des femmes qui la suivent, prennent à la main le poisson qui saillit du sable ; ce sont des soles, des petits turbots, des barbues, des plies, des limandes, des carrelets, des anguilles, des lançons, etc.

Cette pêche ne se fait que pendant les chaleurs, parce que c'est alors que les poissons terrissent, et les grandes vives eaux y sont plus propres, non seulement parce que le courant amène plus de poissons à la côte mais encore parce que la plage se découvre davantage.

### Pêche à la Foule.

Pour cette pêche, qu'on peut nommer piétiner, les pêcheurs vont pieds nus au bord de la mer ou des rivières ; ils marchent sur le fond, lorsque la mer étant retirée, il ne reste qu'une petite épaisseur d'eau. Quand ils sentent sous leurs pieds les poissons qui se sont enfouis dans le sable, ils les saisissent avec les mains, ou les percent avec le petit instrument appelé augou, ou une pointe de fer ajustée au bout d'une canne.

On prend de cette façon des plies dans la Loire, à la Rochelle et à l'île de Ré. Cette pêche se pratique de jour et de nuit, et en ce cas, c'est au feu. Les picards s'en servent pour prendre des filets à l'embouchure des rivières sablonneuses.

**Pêche des Anguilles, à pied sur les vases.**

Dans le Morbihan, près de Vannes, et sur plusieurs autres côtes vaseuses, les pêcheurs vont de basse mer, étant presque nuds, avec un bâton à la main; ils parcourent les vases, et ayant aperçu des trous qui sont évasés comme des petits entonnoirs, ce qui indique que les anguilles se sont enfoncées dans la vase en ces endroits, ils émouvent le fond par l'ébranlement de leur corps, ce qui fait sortir les anguilles; ils les assomment avec leur bâton, ou ils les retirent à la main, les étourdissent, et même les tuent en les frappant sur leur bâton. Cette pêche ne laisse pas d'être avantageuse quand on la fait sur des vases fort étendues.

**Pêche des Poissons plats, des Congres, Des Anguilles, à pied sur des vases, avec le Harpon.**

Les pêcheurs ont à la main une fouanne qui a trois, cinq ou six branches, emmanchées au bout d'une perche longue de cinq à six pieds; et pour se soutenir sur les vases, ils ajustent sous chacun de leurs pieds, un chanteau du fond d'une barrique. Lorsque la marée est en partie retirée, ils vont le long du rivage, et lancent de temps en temps, au hasard, leur fouanne, qui ramène les poissons qu'ils ont piqués. Ce sont ordinairement des poissons plats, des congres ou des anguilles.

### Pêche sur les vases, à pied, à la Fouanne et au Feu.

Cette pêche se fait de la basse mer, à pied, durant les nuits obscures, avec le feu. Les pêcheurs se transportent auprès des rochers, dans les écluses, et aux endroits où il reste peu d'eau de basse mer, tenant de la main gauche un flambeau de paille, ou quelque bois sec, et quand ils aperçoivent un poisson, ils le dardent fort adroitement avec une fouanne qui n'a quelquefois que deux dents. On pratique cette pêche en plusieurs endroits et particulièrement sur les vases auprès de la Rochelle. Ailleurs, on nomme cette pêche fichure. Dans la belle saison, elle est assez usitée à Narbonne, le long des étangs salés. Les vieillards, les jeunes gens portent à la main un petit fichoir à trois dents ; lorsqu'ils se promènent aux bords des étangs, ils les descendent avec force contre les poissons qu'ils aperçoivent.

A Saint-Tropez, la pêche qu'ils nomment fasquier, se fait au feu et avec un trident. Ils prennent des langoustes, des muges, des dorades et autres poissons quelquefois très-gros.

### De la pêche au Miroir.

Comme c'est la lumière qui détermine les poissons à s'approcher du miroir, il ne sera pas hors de propos d'en dire ici quelque chose.

Dans les nuits calmes et obscures, on prend un morceau de bois taillé en bateau, on en garnit le dessous avec des petits morceaux de glaces, semblables à ceux qu'on emploie pour amuser les allouettes. Les sèches apercevant la lumière de la lune réfléchie par ces glaces, s'approchent, et on les saisit ordinairement avec une truble, que les Provençaux nomment salabre.

## Pêche qu'on fait avec des Oiseaux.

### Pêche avec le Cormoran.

Cet oiseau est un peu plus gros qu'un canard musqué; il a plus de deux pieds de longueur, depuis le bout du bec jusqu'à l'extrémité de la queue. Quand cet oiseau est dressé, on s'en sert pour la pêche, et voici comme nous l'avons vu pratiquer sur le canal de Fontainebleau.

On leur serrait le bas du cou avec une espèce de jarretière, pour les empêcher d'avaler entièrement le poisson; ensuite on les laissait aller à l'eau, où ils chassaient le poisson, nageant avec vitesse, et plongeant jusqu'au fond; ils avalaient tout le poisson qu'ils prenaient; mais à cause de la jarretière qu'on leur avait mise, ils ne pouvaient pas le digérer; ils en emplissaient seulement leur œsophage, qui est susceptible d'une grande dilatation: quand ils en étaient gorgés, ils revenaient joindre leurs maîtres, qui leur faisaient dégorger le poisson sur le sable; ils en mettaient à part quelques-uns pour eux, et voici comme ils s'y prennaient pour donner le reste aux cormorans, après leur avoir ôté la jarretière qui les empêchait d'avaler entièrement le poisson.

Ayant une baguette à la main, ils les obligeaient de se ranger sur une ligne ; puis ils leur jetaient un poisson, que le cormoran saisissait en l'air, comme un chien saisit un morceau de pain. S'il le prenait par la queue ou par le milieu du corps, ils avaient l'adresse de le jeter en l'air, de le retenir par la tête et de l'avaler. Si un cormoran voulait s'avancer pour prendre un poisson à la main, on lui donnait un coup de baguette ; car si cet oiseau, très-vorace, en voulant prendre le poisson avait saisi le doigt, il l'aurait beaucoup endommagé.

### Pêche sous la glace.

Cette pêche se pratique avantageusement en Russie et en Suède. Les filets ont souvent cinquante brasses de longueur, sur un peu moins d'une brasse de chûte; ils sont bordés d'un bon bitord qui sert de maître ; on les leste avec des pierres qu'on attache au pied du filet avec un gros fil d'écorce de bois blanc.

Ensuite, on perche la glace jusqu'à l'eau, faisant une ouverture de deux ou trois pieds de diamètre; environ quatre brasses de ce trou, on en fait un autre, puis un troisième, un quatrième, etc., plus ou moins, suivant la longueur du filet qu'on se propose de tendre.

Il s'agit alors de passer le filet sous la glace; pour cela on attache une ligne d'une moyenne grosseur, et qui a plus de longueur que le filet, au bout d'une perche légère, qui doit être un peu plus longue que la distance d'un trou à un autre : on passe cette perche sous la glace par le premier trou, et on la pousse dans la direction du second ; quand on l'aperçoit, on la saisit avec un crochet de bois, on la fait couler du second trou au troisième, et répétant cette manœuvre autant de fois qu'il y a de trous, on passe au moyen de la perche, qui fait l'office d'une aiguille, la ligne depuis le premier trou jusqu'au dernier. Alors on amarre un bout du filet à un des bouts de cette corde, et pendant que des pêcheurs, qui sont au dernier trou, tirent la corde à eux, ceux qui sont restés au premier, mettent le filet à l'eau : le filet se trouve ainsi tendu dans toute sa longueur, et on en amarre les deux extrémités au milieu d'une perche qui traverse le premier et le dernier trou, s'appuyant sur la glace : au bout d'un certain temps, on retire le filet pour prendre le poisson qui s'y trouve engagé, et qui ordinairement est en grande quantité, et on le retend sur le champ. Mais pour épargner la peine de passer la ligne sous la glace, ce qui est l'opération la plus pénible de cette pêche, on attache un bout de cette ligne à l'extrémité du filet qui vient en dernier lieu, et ainsi la ligne qui se trouve dans la place où elle doit être pour remettre le filet à l'eau.

### Autre pêche de Russie sous la glace.

Cette pêche diffère peu de la précédente; seulement le premier et le dernier trou ont huit à dix pieds d'ouverture, et sont disposés en portion de cercle.

### Autre pêche sous la glace.

On pêche aussi sous la glace en introduisant dans les trous qu'on y fait de petits filets semblables aux haveneaux, qu'on retire de temps en temps.

### Pêche de fond au haut de la Loire, près Bréare.

Les pêcheurs choisissent un endroit où le sable soit bien uni ; ils y placent un assemblage de planches qui ressemble à une table, et peut avoir dix à douze pieds de longueur sur huit à neuf de largeur ; en la plaçant sur le sable, ils ajustent des cordes qui serviront à la lever. Ayant posé cette table, de sorte que sa longueur soit dans la direction du courant, ils élèvent le bout qui est du côté du bas de la rivière d'environ six ou huit pouces ; ils mettent dessous quelques pierres pour la tenir soulevée de ce côté ; ils chargent le dessus d'autres pierres, pour qu'elle ne flotte point et qu'elle ne soit pas emportée par le courant. Le poisson qui, suivant son instinct naturel, remonte le courant, se fourre sous cette espèce d'auvant et y reste, étant tranquille et à l'abri du courant. Quand les pêcheurs jugent qu'il s'y est amassé, ils entourent la table avec une espèce de saine; puis ils ôtent les pierres du dessus de la table, et, halant sur les cordes placées sur les angles, ils enlèvent la table : le poisson, privé de sa retraite, veut s'enfuir, mais il est arrêté par le filet.

Lorsque les pêcheurs se sont débarrassé de la table et des pierres qu'ils avaient mises dessus pour en tenir un bout élevé au-dessus du fond, ils traînent le filet, qui est plombé et flotté, et ils conduisent le poisson hors du lit de la rivière, sur les bords, où ils le prennent à la main. On prend avec ces piéges de toutes les sortes de poissons qui sont dans la Loire, excepté le brochet, qui se plaît dans la grande eau, et ne se tenant pas sur le fond, ne se fourre que rarement sous la table.

### Des différentes manières de conserver les poissons et les coquillages en vie.

Il y a des pêcheurs qui conservent le poisson en vie dans des paniers couverts, entre des rochers qu'ils calent au fond de l'eau avec des pierres, d'autres dans des marres qui servent de réservoir, au bord de la mer. Les riverains y déposent des moules, des poissons plats, des turbotins, barbues, soles, limandes, etc. Le frai et la menuise s'y conservent aussi vivants.

### De la pêche des Huîtres.

Dans presque toutes les mers qui baignent la France,

particulièrement dans les baies, on trouve des huîtres, mais nulle part en aussi grande abondance qu'auprès de Cancale, entre ce port, le Mont-Saint-Michel et Granville. C'est-là que l'on vient généralement s'approvisionner des côtes de la Manche. Pendant les mois de mai, juin, juillet et août, que l'huître jette son frai, la pêche est défendue; elle commence ordinairement au 15 octobre et finit au 30 avril : l'époque en est définitivement fixée par l'administrateur en chef de la marine à Saint-Servan. Un bâtiment de l'état est chargé de la police de cette pêche, qui est interdite aux étrangers.

Il ne faut pas pour la pêche de l'huître, comme pour celle du hareng et du maquereau, une quantité considérable et dispendieuse de filets : la drague suffit; c'est un grand instrument de fer d'environ six pieds de long sur deux pieds de hauteur, en forme de pelle recourbée, derrière laquelle est attaché une espèce de filet fait en bandes de cuir ou en menu cordage. Le bateau, poussé par le vent, entraîne la drague, qui ramasse les huîtres au fond de la mer; on peut en prendre jusqu'à onze cents à la fois. Tous les jours il en débarque un nombre prodigieux à Granville et à Cancale. Au lieu de jeter à l'eau les petites huîtres, comme on le faisait autrefois, on les conserve avec soin; elles croissent et deviennent, au bout de quelque temps, aussi grosses que les autres. Au reste, l'huître qu'on appelle marchande doit avoir deux pouces et demi de largeur.

Plus on pêche d'huîtres, plus elles paraissent se multiplier. Elles forment des espèces de bancs qui ont quelquefois plusieurs lieues de long. De 1774 à 1777, les Anglais en emportèrent une immense quantité pour en garnir leurs côtes. Ils paraissaient vouloir en épuiser la baie et priver la France de cet objet de commerce. Elles furent un peu moins communes pendant quelque temps; mais insensiblement elles sont redevenues auss abondantes.

L'huître de la baie de Cancale est préférée dans le commerce tant à cause de son abondance que de la proximité des côtes de la Manche et de sa grosseur moyenne qui facilite le transport. Des bateaux non pontés, de dix à vingt tonneaux, de Granville, de Cancale et d'autres ports du voisinage, s'occupent presque exclusivement de la pêche; mais le transport dans les parcs de la Manche se fait par d'autres bâtiments de vingt à quarante tonneaux, sortis des ports de Saint-Vaast, de Courseulles et de Bernières; ils peuvent recevoir l'un dans l'autre 200 milliers d'huîtres. La plus grande partie est transportée dans les parcs de Saint-Vaast, placés presque en pleine mer, et qui servent comme d'entrepôt pour Courseulles et les autres endroits où l'on s'occupe du parcage.

### Du Parcage.

L'huître de la baie de Cancale, prise sur un fond

souvent vaseux, est généralement d'un goût peu agréable ; il semble que la nature n'ait pas voulu que ce coquillage servît d'aliment dans l'endroit même où elle le prodiguait. L'huître ne perd son âcreté et ne devient délicate qu'après avoir séjourné quelque temps dans un parc. On appelle ainsi un réservoir d'eau salée de quatre à cinq pieds de profondeur, qui communique avec la mer au moyen d'un conduit. Il faut avoir soin, pour que l'eau y reste toujours limpide, de le garnir d'une couche de petit galet. Un parc bien fait s'abaisse insensiblement en glacis ; les huîtres sont placées à une profondeur suffisante pour n'être point exposées au contact de l'air, et cependant de manière à ne pas reposer sur la vase. Pendant l'été, que les parcs sont dégarnis d'huîtres, on a soin de les nettoyer et d'y remettre de nouveaux galets.

Le plus vaste et le plus bel établissement de ce genre qui existe en France est celui de M. Hervieu-Duclos, au port de Courseulles, à quatre lieues de Caen. Placé près de l'embouchure d'une rivière, dans un vaste enclos abrité des vents par des hauts-bords et par des plantations d'arbres qui forment une partie de son enceinte, il est divisé en plusieurs grands bassins parallèles qui communiquent facilement avec la mer. M. Hervieu vient encore d'ouvrir un nouveau réservoir de plus de cinq cents mètres de longueur.

On trouve des parcs sur différentes côtes de France, et particulièrement dans la partie septentrionale. Les plus connus sont ceux de Marennes, de Saint-Vaast, de Courseulles, de Bernières, du Hâvre, de Fécamp, de Dieppe et du Tréport. Celui qui fut établi en 1783, à Etretat, près de Fécamp, était un des plus renommés : il est abandonné depuis long-temps; ce qui n'empêche pas qu'à Paris on ne vante encore les huîtres d'Etretat et que les gourmets ne croient tous les jours les savourer. Courseulles est à présent l'établissement le plus considérable. Il renferme au-delà de deux cents parcs, qui ont subi de grandes améliorations depuis quelque temps. C'est-là que j'ai fait une partie des observations que je communique dans ce mémoire et qui s'appliquent plus particulièrement au Calvados.

Tous les bords de la mer ne sont pas favorables aux parcs; leur succès dépend de la position de la côte. On ne peut en établir de réguliers à Cancale, ni à Granville, qui sont continuellement exposés à l'action des vents. Il serait à désirer que l'eau pût se renouveler à volonté dans un parc; il suffit cependant qu'elle y entre deux fois par mois, aux nouvelles et pleines lunes. Si l'eau de mer convient aux huîtres, celle de rivière leur est nuisible, pour peu qu'elle pénètre en certaine quantité. Valmont de Bomare assure que les huîtres aiment l'eau douce. C'est une erreur : l'expérience a malheureusement trop appris aux habitants de Courseulles que, dès que la rivière monte dans leurs parcs, elle y occasionne les plus grands dommages;

l'huître enfle et meurt en peu de jours. Les Anglais, en 1774, transportèrent inutilement pendant trois années de suite des milliers d'huîtres dans la baie placée entre l'île de Wight et la rivière de Southampton. L'eau douce les fit périr; la pluie même, lorsqu'elle est trop abondante, leur est nuisible, et encore plus la neige et la grêle. Les grands froids ne leur sont pas moins funestes. Il suffit que l'eau gèle quelque temps pour qu'elle contracte une odeur fétide et fasse périr les huîtres. En cas d'inondation ou de gelée, il n'y a d'autre remède que de les porter en mer.

Autant on doit se montrer difficile sur l'emplacement d'un parc, autant il faut être attentif à soigner les huîtres. Les matelots qui vont les chercher à Cancale ne se chargent pour l'ordinaire que du transport. D'autres hommes, connus sous le nom d'amareilleurs, s'occupent du parcage, opération délicate, surtout lorsque les huîtres viennent directement de la baie de Cancale. L'amareilleur est obligé, dans les premiers temps de leur entrée au parc, de les tirer tous les trois ou quatre jours hors de l'eau avec un râteau de fer; de rejeter celles qui sont mortes, et de changer quelquefois les autres de réservoir. On n'a pas autant de précaution à prendre pour celles qui viennent de Saint-Vaast, où elles ont déjà subi un parcage. En général, on garnit un parc six fois par an, trois fois au printemps et trois fois en automne. Les huîtres restent dans les parcs un ou deux mois.

Elles ne sont point vertes quand on les apporte de Cancale; ce n'est qu'à force de soins qu'elles le deviennent. Il faut que le parc où l'on doit les déposer soit bien nettoyé et bien garni de galet : un parc neuf est préférable. On reconnaît qu'il est propre à recevoir les huîtres, lorsque le galet se trouve chargé d'un léger dépôt verdâtre. Pour l'ordinaire, on jette les huîtres sans précautions; mais on doit déposer doucement celles qu'on veut faire verdir, et prendre garde de les entasser confusément; car celles de dessous n'acquerraient pas la couleur désirée. Dans les parcs d'huîtres blanches, il n'y a aucun inconvénient à laisser entrer l'eau salée, au contraire, dans ceux qui renferment les huîtres vertes, on doit interrompre toute communication avec la mer, ou du moins ne laisser entrer qu'environ un quart du volume d'eau contenu dans le parc, et seulement aux nouvelles et pleines lunes; mais il faut bien se garder de la renouveler entièrement avant que les huîtres ne soient vertes; car, comme on peut l'observer, elles ne reverdissent pas à Granville ni à Saint-Vaast, où l'eau monte à chaque marée.

Pour les faire verdir plus promptement on les laisse 5 à six heures sur le bord du parc avant de les y introduire. Il paraît que la soif qu'elles éprouvent les porte à prendre l'eau avec plus d'avidité. Il suffit de les laisser quelques jours dans le parc pour qu'elles commencent à recevoir la couleur verte. Souvent elles l'obtiennent en vingt-quatre heures; mais si on la désire plus foncée, il faut attendre un mois. Elles acquièrent ordinairement cette couleur accidentelle en avril, mai, septembre et octobre, à une température modérée; si elles l'acquièrent mieux au printemps qu'en automne; rarement en été, jamais en hiver. Une pluie douce est favorable, ainsi qu'un temps orageux. Mais, que l'eau soit agitée par le vent du nord, il n'en faut pas d'avantage pour empêcher le parc de verdir. Dans certaines années, il verdit facilement; dans d'autres, ce n'est qu'avec beaucoup de peine. M. Hérouli, propriétaire de parcs à Courseulles, m'a dit avoir remarqué qu'en renouvelant l'eau d'un parc du 15 au 20 août, on était plus certain de faire verdir les huîtres. Il a observé que celles qui ont verdi en mars et en avril peuvent, étant remises dans la mer, reprendre leur couleur naturelle, au lieu que celles qui ont verdi en septembre et octobre restent toujours vertes pendant l'hiver; il s'est aussi assuré que très-rarement le même parc verdissait deux fois par an.

Quand les huîtres deviennent très-vertes, on dit par fois qu'elles ont bien pâturé, et certaines gens croient que réellement ce coquillage se nourrit d'herbes dans le parc. En 1778, lors du camp de Vaussieux, formé près de Courseulles, beaucoup de personnes de la cour et de Paris, attirées par la curiosité, furent très-surprises de ce que les huîtres n'étaient pas nourries avec des herbes vertes achetées fort cher, comme on le leur avait fait accroire. En les voyant renfermées dans des réservoirs d'eau stagnante, elles s'imaginèrent que ces huîtres devaient s'altérer ; et passant rapidement d'une erreur à une autre, il n'en fallut pas davantage pour les dégoûter d'un aliment reconnu d'ailleurs comme très-salubre.

M. Benjamin Gaillon, résident à Dieppe, s'est occupé d'une manière particulière de la cause de la coloration des huîtres. Il l'attribue à la présence d'animalcules microscopiques du genre navicule, qui sont de couleur verte, et qui lui paraissent être la principale nourriture de l'huître dans les parcs. M. Goubeau de la Bilennerie, de Marennes, et M. Bory de Saint-Vincent, ont émis une opinion contraire. N'ayant pas été à portée de répéter les expériences de M. Gaillon, je me borne à renvoyer à son intéressant Mémoire. Je crois au reste, qu'il faut conclure de toutes les observations précédentes, que la viridité des huîtres ne dépend pas d'une seule cause, mais qu'il faut l'attribuer au concours de plusieurs.

Les meilleures huîtres sont celles qui ont parqué long-temps. On les reconnaît à leur coquille devenue lisse de raboteuse qu'elle était, ainsi qu'à leurs valves naturellement tranchantes, mais dont les bords ont été insensiblement émoussés par l'effet du râteau de fer qu'on promène souvent dans le parc, comme je l'ai déjà fait remarquer. Une huître pêchée à Cancale en avril, déposée ensuite à Saint-Vaast pendant 4 à 5 mois et qui a reposé un mois à Courseulles, est parvenu à son dernier degré de bonté. Il faut au reste la manger dans l'année qu'elle a été pêchée ; autrement elle deviendrait maigre et sa chair serait très-dure.

On entend quelquefois les amateurs d'huîtres exprimer le regret de ne pouvoir les manger au parc. Mais qu'ils se consolent, gardées quelques jours hors de l'eau, elles sont préférables à celles qui sortent immédiatement du parc, et grâces aux soins que l'on prend depuis quelque temps pour les transporter rapidement et commodément, elles ont à Paris un goût peut-être plus agréable qu'à Dieppe et à Courseulles : le transport semble les bonifier.

L'Huitre, ce mets si estimé de nos jours, ne l'était pas moins chez les anciens. Macrobe assure qu'on en servait aux pontifes romains à tous leurs repas. Celles de l'Hellespont, de l'Adriatique, du détroit de Cumes, du lac Lucrin, étaient très-vantées, et l'épicurien Horace a célébré dans ses vers celles de Circé. Mais on ne dit pas que les Romains, qui avaient porté si loin le luxe de la table, donnassent la préférence aux huîtres vertes, ni même qu'ils les connussent. Depuis quelques années, soit changement de goût, soit toute autre causes, ces huîtres sont moins recherchées en France. Cependant certaines personnes les préfèrent encore comme plus délicates. Autrefois à Paris leur prix était double de celui des blanches; aujourd'hui elles se vendent encore un tiers de plus, et elles rapportent moins de profit, à cause des soins qu'elles exigent et de l'étendue de terrain qu'elles occupent; car à peine peut-on en placer douze mille dans un parc capable de contenir trente mille huîtres blanches. Aussi les amarcilleurs font-ils verdir de préférence les petites huîtres.

# NOUVEAU MANUEL

# DU PÊCHEUR.

---

## SECONDE PARTIE.

### De l'art d'accommoder les poissons.

### DE L'ANGUILLE.

S'il vous plaisait de vouloir la manger farcie, il faudrait la traiter de la manière suivante : prendre la chair de vos anguilles, en faire un hachi fort menu, y ajouter de la crême douce, mie de pain, deux ou trois rocamboles, persil, sel et poivre ; cela frit, farcissez-en les arêtes, puis vous les ferez cuire au four dans une tourtière, où vous leur laisserez prendre belle couleur.

### L'Anguille au blanc.

On écorche ce poisson et on le fait cuire avec un verre de vin blanc, sel, poivre, bouquet de fines herbes, culs d'artichauts et champignons ; le tout étant à propos, on y met des jaunes d'œufs délayés avec du verjus; puis on la sert chaudement pour entrée, garnie de persil frit ou de pain frit.

### Anguille à la sauce brune.

On les passe au roux à la casserole, avec farine frite; puis on y met du vin blanc, sel, poivre et paquet de fines herbes; étant cuites et la sauce bien liée, on les sert comme les précédentes.

### Anguille frite.

Coupez-la par tronçons; faites-la mariner dans du verjus, sel, poivre et un morceau de citron; poudrez-la ensuite de farine, et la faites frire à la poêle dans du beurre affiné; on peut, si l'on veut, au lieu de farine se servir d'une pâte claire, délayée avec des œufs et servir avec persil frit pour garniture; c'est un plat d'entremets.

### Anguille rôtie.

Il faut l'écorcher et la couper par tronçons, la faire mariner comme on l'a déjà dit, la faire rôtir sur le gril, pour la servir avec une sauce au beurre blanc, vinaigre, sel et poivre; d'autres la servent à la sauce rousse ou à la sauce Robert.

On fait des potages d'anguilles, des pâtés et des tourtes.

## Anguille en matelotte.

Dépouillez une anguille et coupez-la par tronçons ; faites roussir un peu de farine dans du beurre ; mettez ensuite de petits ognons ; quand ceux-ci sont colorés, ajoutez du beurre, des champignons, un bouquet garni, sel, poivre, laurier et muscade râpée ; mouillez avec moitié bouillon et moitié vin blanc ; placez-y les tronçons d'anguille, faites cuire à grand feu pendant une demi-heure ; après la cuisson, dressez-les sur le plat avec des croûtons à l'entour ; masquez le tout avec la sauce. On peut joindre à l'anguille quelques autres poissons de rivières, tels que brochet, barbillon, carpe, etc.

## Alose au court-bouillon.

Videz par les ouïes et lavez bien une alose ; mettez-la dans un court-bouillon. Après la cuisson, dressez-la sur une serviette arrangée sur le plat et garnissez-la de persil vert. Servez à part une sauce blanche et un huilier ; l'huilier peut suffire.

## Alose grillée.

Après avoir écaillé, vidé par les ouïes et bien nettoyé une alose, ciselez-la avec la pointe d'un couteau dans toute sa longueur ; fendez-la un peu par le dos ; faites-la ensuite mariner avec de l'huile fine, sel, poivre, persil et ciboule hachés menu et des ognons coupés en dés. Mettez-la griller sur un feu doux et en l'arrosant avec la marinade. Au bout d'une heure, dressez-la sur le plat, que vous foncez d'une sauce blanche aux câpres, ou d'une purée d'oseille.

**Bisque d'écrevisses.**

Après avoir fait cuire des écrevisses sur un feu ardent avec de l'eau, du vin ou du vinaigre, du beurre, du persil en feuilles, des échalotes, du laurier, du thym, sel et poivre, laissez-les refroidir pour en retirer les chairs et les piler avec du riz crevé d'avance; mettez le tout dans une casserole, après l'avoir passé au tamis et arrosé de bouillon. D'autre part, broyez toutes les écailles avec le coulis dans lequel elles ont cuit, passez au tamis et mettez sur le feu dans une autre casserole, mais sans faire bouillir, et servez avec des croûtes de pain humectées avec le premier bouillon et colorée avec le second.

Autrement, lavez des écrevisses et broyez-les crues dans un mortier; mettez-les ensuite dans une casserole et sur un feu très-vif avec du beurre, de la mie de pain, du poivre et muscade râpée; au bout d'une demi-heure, passez au tamis et ajoutez un peu d'eau ou de bouillon; remettez la casserole sur un feu doux, et servez avec des croûtes de pain comme ci-dessus

**De la brême.**

La brême est un poisson très-aplati; le plus communément elle se fait cuire sur le gril et se sert avec une sauce blanche aux câpres, ou sur de l'oseille. Comme la brême est assez fade, il est bien d'aiguiser la sauce avec un peu de moutarde.

Quelquefois on la fait frire ou on la met en matelote.

### Brochet au court-bouillon.

Videz votre brochet par les ouïes, ne l'écaillez pas; coupez les nageoires et la queue; ficelez la tête et faites-le cuire au court-bouillon, de la manière que nous allons indiquer.

Mettez votre poisson dans une casserole ou une poissonnière; il faut qu'il trempe dans le court-bouillon avec de l'eau, du vin blanc, un morceau de beurre, sel, poivre, un gros bouquet de persil, ciboules, ail, girofle, thym, laurier, basilic, quelques tranches d'ognons et de carottes. Ce poisson est meilleur cuit au vin blanc sans eau. Ayez soin de l'envelopper avec un linge; par ce moyen, vous ne serez point en danger de le rompre en le retirant. Faites mijoter une heure; après la cuisson, laissez-le refroidir et dressez-le sur une serviette parsemée de persil en feuilles; accompagnez-le d'un huilier.

### Brochet et sauce aux câpres.

Après avoir fait cuire un brochet dans un court-bouillon, comme nous l'avons dit ci-dessus, enlevez-en la peau et les écailles ; dressez-le sur le plat et servez avec une sauce aux câpres et aux anchois.

### Brochetons à la maître-d'hôtel.

Après avoir nettoyé, écaillé et vidé des brochetons, mettez-les sur le gril, enveloppés d'une feuille de papier beurré ; saupoudrez-les de sel fin ; après leur cuisson , fendez-les par le dos , retirez les œufs , s'il y en a , remplissez-les de beurre manié avec du persil haché , sel et poivre ; dressez-les sur le plat et servez.

### Carpe à la poulette.

Aprez avoir préparé et coupé une carpe par tronçons ; employez pour cette sauce le même procédé que pour la fricassée de poulet.

### Carpe grillée.

Après avoir vidé et écaillé une carpe , faites , sur ses deux côtés , de profondes incisions ; frottez-la avec de l'huile , persil et ciboule hachés , du sel et du poivre faites-la ensuite griller sur un feu doux ; après sa cuisson , dressez-la sur le plat en la masquant d'une sauce aux câpres et aux anchois , ou d'une sauce blanche avec un jus de citron.

### Carpe en matelote vierge.

Après avoir préparé et fait cuire votre poisson avec

du vin blanc, comme le précédent, passez des petits ognons à blanc dans du beurre, au lieu de les faire roussir ; saupoudrez de farine, passez la cuisson de la carpe au tamis sur les ognons; lorsqu'elle bout, mêlez-y des champignons coupés et blanchis à part ; faites réduire votre sauce au tiers, et, après l'avoir dégraissée, ôtez-en, avec l'écumoire, les champignons et les ognons pour en garnir votre poisson ; faites ensuite une liaison de jaunes d'œufs ; alors entretenez le tout sans faire bouillir ; passez de nouveau la sauce au tamis, en la versant sur votre poisson, dressez sur le plat avec un entourage de croûtons et d'écrevisses symétriquement entremêlés d'ognons et de champignons, puis servez.

### Carpe à l'étuvée.

Après avoir vidé, écaillé et coupé une carpe par tronçons, passez dans une casserole des petits ognons dans du beurre manié de farine, avec des champignons, un bouquet garni, laurier, sel, poivre et muscade rapée; mouillez avec moitié bouillon et moitié vin rouge; ajoutez-y vos tronçons de carpe; faites cuire à grand feu; dressez sur le plat avec une garniture de croûtons, versez la sauce pardessus et servez.

### Laitances de Carpes fricassées.

Mettez dans une casserole un peu de beurre, douze

petits champignons, une tranche de jambon, le jus d'un citron et un bouquet de fines herbes; faites mijoter quelque temps tout cela à petit feu; joignez-y ensuite un peu de farine, autant de laitances de carpes que vous voudrez et un peu de bon bouillon. Faites bouillir le tout environ un quart d'heure, et assaisonnez avec du poivre et du sel à l'instant où vous mettez le bouillon. Quand tout est prêt, épaississez la sauce avec deux ou trois jaunes d'œufs, un peu de crême et un peu de persil haché.

### Carrelets panés frits.

Vos carrelets vidés et nettoyés, fendez-les aux trois quarts sur le dos; enlevez l'arête, que vous remplacez par une maître-d'hôtel: ensuite relevez les filets à l'ouverture, trempez vos carrelets dans des œufs battus et enveloppez-les bien de mie de pain. Mettez-les dans la friture; après leur cuisson, dressez-les sur le plat, avec du persil frit. On peut ajouter des pommes de terre cuites à part.

### Carrelets à la bonne femme.

Mettez vos carrelets vidés et nettoyés sur un plat foncé de beurre, de persil et d'échalotes hachés, de sel et gros poivre, et d'un verre de vin blanc; au bout de quelques minutes d'ébullition, couvrez les carrelets avec de la chapelure de pain ; mettez un couvercle et du feu par-dessus ; faites gratiner et servez.

### Chabot.

On commence d'abord par l'écailler, et après l'avoir bien lavé dans de l'eau claire, on le vide, en observant pour cela de faire le trou aussi près des oreilles que possible : on nettoye son gosier avec la plus grande attention; cela fait, on met quelques fines herbes dans son ventre, et après l'avoir attaché avec deux ou trois esquil'es à une broche, on le fait rôtir, ayant soin de l'arroser souvent avec du vinaigre ou plutôt du verjus et du beurre mêlé avec du sel. Cette manière de le prèparer enlève toutes les parties aqueuses dont tous les chabots abondent.

### Autre manière d'apprêter le Chabot.

Après l'avoir écaillé et bien lavé, on lui coupe la queue, on le fend par le milieu à la manière des poissons salés; on lui fait ensuite 3 ou 4 incisions avec un couteau, et on le met griller sur de la braise, ayant soin de l'arroser tout le temps qu'il cuit, avec du beurre frais, du sel, du thym haché extrêmement fin, et pétri avec. Le chabot nouvellement pris et accommodé, est incomparablement meilleur que celui qu'on aura gardé un jour.

### Congre à la poulette.

Levez les chairs du congre, que vous coupez en morceaux carrés, et faites-les cuire dans une casserole avec des champignons sautés dans du beurre, une cuillerée à bouche de farine, un bouquet de persil, ciboule et sel ; mouillez fortement avec du bouillon ou de l'eau. Après la cuisson, dressez les morceaux de congre sur le plat ; faites ensuite une liaison de jaunes d'œufs ; versez votre sauce sur votre poisson et servez.

### Crevettes en croutades.

Après avoir épluché une certaine quantité de crevettes, pilez-en les épluchures avec un peu de beurre; faites chauffer cette préparation sur le feu; mouillez avec du bouillon ; faites-lui sauter un bouillon, après quoi, vous la passez et la tordez dans un linge mouillé, ôtez-en le beurre, et mettez-le dans une casserole ; saupoudrez de farine ; ajoutez une chopine de crême et le fond dans lequel a chauffé le beurre ; faites réduire et terminez par une béchamel.

### Coulis d'écrevisses.

Les coulis d'écrevisses rendent délicieux tous les potages ; ces coulis bien dégraissés et réduits, servent aussi à finir des ragoûts et des pâtés chauds. Voici comment se fait un coulis :

Après avoir lavé les écrevisses à plusieurs reprises, faites-les cuire dans l'au bouillante, retirez-les pour les mettre dans l'eau froide; épluchez-en les écailles et les queues, que vous mettez à part pour les piler et les broyer avec des amandes et chairs d'écrevisses; prenez ensuite de la rouelle de veau et du jambon, que vous coupez par tranches, avec un ognon, des carottes et des panais; faites réduire comme un jus de veau, et ajoutez de la farine et du lard fondu; remuez bien et mouillez avec du bouillon, faites mijoter le tout avec des champignons, persil, ciboule, truffes, croûtes de pain, clous de girofle, sel, poivre et basilic; après avoir supprimé le veau, délayez, avec le jus, ce qui est dans le mortier, et passez au tamis, pour vous en servir au besoin.

Si c'est au maigre que vous faites un coulis d'écrevisses, au lieu de lard fondu, faites un demi-roux avec du beurre, et mouillez avec du bouillon de poisson.

### Des écrevisses.

Les écrevisses de Seine sont regardées comme les meilleures. Pour distinguer les bonnes, regardez le dessus des grosses pattes, qui doit être rouge.

### Ecrevisses en matelotte.

Vos écrevisses lavées et épluchées, faites-les cuire au vin rouge; mettez-les ensuite dans une sauce à la matelote. Après les avoir dressées sur le plat, masquez-les de leur sauce, et servez avec un entourage de croûtes de pain frites.

### Des écrevisses de mer.

On comprend, sous cette dénomination, les homards, les langoustes, les crabes, les crevettes, les chevrettes et autres crustacées du même genre. On les sert tous de la même façon, après les avoir fait cuire au court-bouillon, ou simplement, avec de l'eau et du vinaigre, et on les dresse sur le plat en forme de pyramide, et entourés de persil vert.

### Eperlans frits.

Après avoir écaillé, bien lavé et essuyé des éperlans, enfilez-les par les yeux avec des brochettes, trempez-les dans du lait, farinez-les et faites-les frire à grand feu; quand ils sont d'une belle couleur, dressez-les sur le plat couvert d'une serviette, et servez.

Autrement, étant préparés comme ci-dessus, et avant de les faire frire, trempez vos éparlans un à un dans du beurre tiède mêlé avec des jaunes d'œufs battus et assaisonnés de poivre, sel et muscade, et panez-les dans la mie de pain.

### Eperlans au gratin.

Préparez comme il est prescrit pour les soles.

### Eperlan à la bonne eau.

Nettoyez vos éperlans, puis vous en enfilez huit par les yeux avec un petit alenet; vous les mettez dans un vaste plat un peu creux, vous versez par-dessus une bonne eau; vous rompez des feuilles de persil, en quatre ou cinq morceaux; vous prenez un peu de bonne eau, et vous leur faites jeter quelques bouillons. Un quart d'heure avant de servir, vous mettez vos éperlans sur le feu; après vous les ôtez de la bonne eau, et vous les dressez sur le plat; vous versez dessus la bonne eau dans laquelle il y a du persil.

### Eperlan en ragoût.

On les fait cuire dans le vin blanc, avec sel, poivre, muscade, un morceau de citron vert et un peu de beurre; pour liaison, on ajoute un peu de farine frite, et l'on sert chaudement avec des câpres.

### Escargots à la poulette.

Pour des escargots, mettez une bonne poignée de cendres dans un chaudron, avec de l'eau de rivière. Lorsqu'elle commence à bouillir, jetez-y les escargots pour les y laisser un quart d'heure. Quand ils se tirent aisément de leurs coquilles, vous les retirez dans de l'eau tiède; ensuite, vous les remettez dans une eau claire, pour les faire bouillir un instant. Retirez-les pour les égoutter; mettez dans une casserole un morceau de beurre, un bouquet de persil, ciboules, une gousse d'ail, deux clous de girofle, thym, laurier, basilic, des champignons; et les escargots bien égouttés, passez le tout ensemble sur le feu; mettez-y une pincée de farine, et mouillez avec du bouillon, un verre de vin blanc, sel, gros poivre; laissez cuire jusqu'à ce que les escargots soient moelleux, et qu'il reste peu de sauce; mettez une liaison de trois jaunes d'œufs avec de la crême; faites lier sans bouillir; ajoutez-y un peu de muscade et du jus de citron, et servez.

### Esturgeon au bleu.

Mettez une forte tranchée d'esturgeon; mettez-la dans une poissonnière avec un court-bouillon composé de carottes et d'ognons coupés en dés, d'ail, de persil, de thym, de basilic et de sel; mouillez avec moitié eau et moitié vin rouge. Achevez votre court-bouillon avec du vin blanc ou du vinaigre. Quand l'esturgeon aura bouilli pendant trois ou quatre heures à petit feu, laissez le égoutter, dressez-le sur un plat couvert d'une serviette et entouré de persil vert.

### Esturgeon braisé.

Après avoir piqué de gros lard bien assaisonné une tranche d'esturgeon, mettez-la dans une braisière juste de sa grosseur, avec du lard coupé très fin, des carottes, des ognons et des panais coupés en dés très minces, un bouquet garni, sel, poivre et épices en assez grande quantité ; mouillez avec du vin blanc, et faites cuire avec à feu ardent. Dressez sur le plat et servez avec une sauce piquante ou italienne, dans laquelle vous aurez fait entrer le fond de cuisson.

### Esturgeon à la broche.

Il faut le piquer d'anguilles, l'arroser pendant qu'il cuit avec du bouillon de purée, moitié de vinaigre, sel, poivre, ognon et un morceau de beurre. Etant cuit, on le sert chaudement avec le jus de la marinade par-dessus, après y avoir mis deux anchois. L'esturgeon se met en pâté lardé d'anguilles ou de lard ; il est excellent chaud ou froid.

### Esturgeon en haricot aux navets.

Après avoir fait cuire votre esturgeon dans du bouillon, ou à l'eau avec sel, poivre, thym, ognon, et clou de girofle, vous le passerez au roux avec du lard; ensuite l'ayant mis égoutter, vous le jetez dans le coulis que vous avez préparé avec les navets; vous y ajoutez un peu de jambon haché bien menu, et vous servez chaudement.

**Esturgeon à la Sainte-Menehould en gras.**

Vous les faites cuire par grosses tranches dans du vin blanc et un peu de lard fondu, le tout bien assaisonné ; vous donnez un feu modéré, afin qu'il cuise doucement. Etant cuit, on le pane et on le fait griller, puis on le sert chaudement, sec ou avec une sauce, comme à la queue de mouton.

**Esturgeon en fricandeaux en gras.**

Ayant piqué de lard des tranches d'esturgeon, il faut les fariner un peu et leur faire prendre couleur dans du lard fondu, ou dans du saindoux, puis les mettre dans une casserole avec un bon jus de bœuf, fines herbes, truffes, champignons, riz de veau et un bon coulis. Etant cuit et dégraissé, vous servez chaudement avec un peu de verjus.

**Filets de merlans farcis.**

Levez et parez des filets de merlans de grosseur moyenne ; foncez ensuite un plat qui aille au feu avec une farce ainsi composée : mêlez de la mie de pain trempée dans du lait, passez dans un tamis à quenelles ; ajoutez ensuite du beurre frais assaisonné de sel, poivre, muscade, quelques truffes et quelques champignons, et deux blancs d'œufs pour liaison; sur cette farce, étendez avec symétrie vos filets coupés sur d'autres merlans assez gros, pour en faire des morceaux en forme de bondons; recouvrez-les de la même farce et remplisez-en les intervalles; placez-les sous le four de campagne; au bout d'une demi-heure, retirez-les et versez dessus une sauce italienne très chaude.

### Filets de merlans aux truffes.

Après avoir paré et coupé vos filets, mettez-les dans un sautoir avec du beurre fondu, saupoudrez-les avec sel, poivre, muscade râpée; ajoutez du beurre et du jus de citron, et achevez de les faire cuire en les sautant; après leur cuisson, faites-les égoutter, et mettez à leur place, dans le sautoir, des truffes coupées en dés très minces; faites réduire avec un peu de sauce allemande que vous liez avec du beurre; replongez-y vos filets, et dressez-les de suite sur le plat, avec un entourage de croûtons frits.

### Filets de soles sautés.

Vos filets préparés comme les précédents, mettez-les dans un sautoir avec du beurre; saupoudrez-les de persil et de ciboule hachés très fins, de sel, de poivre et de muscade râpée; faites-les raidir en les retournant sur un feu très vif; dressez-les ensuite sur le plat, et couvrez-les d'une sauce italienne.

### Filets de soles a l'anglaise.

Après avoir levé la peau et les filets de vos soles, parez vos filets, puis panez-les à deux reprises, la première en l s imbibant de beurre fondu, la seconde avec des œufs battus avec le beurre; jetez-les ensuite dans la friture bien chaude, et quand ils ont une belle couleur dorée, dressez-les sur le plat avec une sauce à la maître d'hôtel.

### Filets de soles en papillotes.

Levez les peaux qui couvrent vos filets; parez-les, assaisonnez-les de sel et de poivre; recouvrez-les de farce et quénelles faites avec des merlans; roulez-les sur eux-mêmes, et donnez-leur une forme ronde; enveloppez-les ensuite d'une feuille de papier graissée avec du beurre ou de l'huile; ficelez et faites cuire au court-bouillon; après la cuisson, égoutez et dressez sur le plat une sauce italienne.

### Grenouilles frites.

Après avoir blanchi des cuisses de grenouilles, faites-les mariner pendant une heure avec moitié eau et moitié vinaigre, persil, et ciboules entières, ognons en tranches, ail, échalottes, clous de girofle, laurier, thym, basilic; mettez-les égoutter, puis trempez-les dans des blancs d'œufs; saupoudrez-les de farine, et jetez-les dans la friture bien chaude.

Autrement, avant de les faire frire, trempez-les dans une pâte faite avec de la farine délayée avec de l'huile, du vin et du sel. Qauand vos cuisses sont frites et d'une belle couleur, dressez-les sur le plat, servez-les très chaudes avec un jus de citron.

### Goujons à l'étuvée.

Vos goujons étant vidés, écaillés et essuyés, prenez un plat, et foncez-les de beurre, et de champignons, de persil, d'échalotes, de ciboules, thym, laurier et basilic, le tout hâché très fin; assaisonnez de sel et de poivre; arrangez-vos goujons, et mettez dessus les mêmes ingrédiens que dessous. Mouillez avec du vin rouge; ornez votre plat; faites bouillir et réduire votre sauce. Au bout d'un quart d'heure, servez avec un jus de citron,

### Huitres en Coquilles.

Après avoir ouvert des huîtres, faites-les blanchir dans leur eau, laissez-les égoutter, faites-les revenir dans du beurre, avec des champignons, des échalotes et du persil hachés, de l'huile d'olive, poivre et muscades rapées, beaucoup de farine; mouillez avec du bouillon et du vin, mettez vos huîtres avec les fines herbes, faites réduire; prenez ensuite quelques unes des plus grandes coquilles, mettez dans chacune d'elles cinq ou six huîtres cuites avec de la sauce, couvrez de chapelure, arrosez de beurre fondu, et placez sur le gril à un feu très-doux; faites prendre couleur sous le four de campagne, et servez.

### Huîtres à la Poulette.

Pour cette sauce et pour plusieurs autres, on les blanchit et on les accommode absolument comme la morue.

### Lamproie en Matelote.

Après avoir préparé une lamproie comme il est dit à l'article précédent, et l'avoir coupée par morceaux, réservez le sang qu'elle aura rendu pour lier votre sauce; enlevez-en la tête et l'extrémité de la queue; faites un roux dans une casserole; faites-y revenir votre poisson; mettez ensuite des petits ognons revenus dans le beurre, des champignons, un bouquet garni, sel et poivre; mouillez avec du vin rouge ou avec du vin blanc; après la cuisson, liez votre sauce avec le sang de votre lamproie, et dressez-la sur le plat avec un entourage de croûtons frits et d'écrevisses cuites à part.

### Lotte au court-bouillon.

Après avoir nettoyé une lotte, mettez-la cuire dans un court-bouillon, avec du vin blanc que vous aurez fait et passez d'avance au tamis, vu qu'il ne faut que quelques minutes pour la cuire; après sa cuisson, dressez-la sur le plat, et servez avec une sauce à votre choix.

### Lotte frite.

Après avoir trempé un instant une lotte dans l'eau bouillante, essuyez-la bien, faites-lui des incisions sur les côtés et dans toute sa longueur; marinez-la, et la plongez dans la friture chaude; le foie se fait cuire à part, dressez sur le plat, et servez avec un jus de citron.

### Maquereaux au court-bouillon.

Vos maquereaux étant préparés comme à l'article précédent, mettez de l'eau dans une casserole avec persil, ciboules, une gousse d'ail, du fenouil, un peu de basilic, sel et poivre; ajoutez un verre de vin blanc; lorsque ce court-bouillon sera bouillant, mettez-y vos maquereaux; un quart d'heure suffit pour les cuire; égouttez-les et dressez-les sur le plat avec une sauce aux câpres et aux anchois, ou au beurre noir, avec du persil frit à l'entour. Arrosez avec un jus de citron.

### Maquereaux en papillotes.

Videz et essuyez vos maquereaux; ôtez-en les laitances, que vous faites cuire dans une casserole avec du beurre, sel, poivre et jus de citron; après les avoir laissé refroidir, maniez-les avec une sauce à la maître-d'hôtel froide, et farcissez-en vos maquereaux, enveloppez chacun de vos maquereaux avec une feuille de papier huilé; ficelez les deux extrémités du papier, et mettez vos maquereaux sur le gril; dressez-les ensuite sur le plat avec leurs enveloppes.

### Maquereaux en ragoût.

Passez-le au roux dans une casserole avec un peu de farine; dès qu'il aura pris une belle couleur, faites-le cuire avec un bon bouillon de poisson ou purée claire aux champignons, le tout assaisonné de sel et poivre. Lorsqu'il est cuit, servez-le avec du jus de citron.

### Maquereaux à la maître d'hôtel.

Trois maquereaux suffisent pour faire une entrée; vous les videz et vous leur ôtez les boyaux en fourrant la pointe du couteau dans le trou qu'ils ont au milieu du corps; vous les essuyez avec un linge mouillé; il faut les fendre du côté du dos, depuis la tête jusqu'à la queue; vous les mettez sur un plat de terre, joignez-y du sel, du gros poivre, des ciboules, du persil en branches; vous arrosez les maquereaux avec de l'huile: une demi-heure avant de servir, vous les mettez sur le gril à un feu très-doux; vous aurez soin de les retourner: au moment de servir, vous les dressez sur le plat, et leur mettez dans le dos une maître d'hôtel froide, ou bien mettez dans une casserole un morceau de beurre, une cuiller à bouche de farine, du persil, de la ciboule bien hachée, du sel, du poivre; vous mêlerez la farine avec l'assaisonnement; ajoutez-y un demi-verre d'eau, un jus de citron; mettez votre sauce sur le feu, tournez-la toujours; au premier bouillon, si elle est de bon goût, versez-la sur vos maquereaux.

**Maquereau à la sauce rousse.**

Lorsque vous l'aurez vidé, vous l'inciserez un peu le long du dos, et vous l'assaisonnerez avec huile, sel menu, poivre et fenouil vert et vous le ferez rôtir. Etant cuit, vous le partagerez en deux par le dos, et l'ayant dressé sur un plat, vous jetterez par-dessus une sauce rousse, faite avec du beurre frais, sel, poivre, ciboules, persil haché menu, un filet de vinaigre: on y ajoute des groseilles vertes, dans la saison.

**Maquerau sec.**

Faites rôtir un maquereau sur le gril; quand il sera cuit, ouvrez-le en deux le long du dos, assaisonnez-le de sel et de poivre; réunissez ensuite les deux moitiés pour faire prendre l'assaisonnement, et servez-le un moment après.

**Préparation du Macquereau au sauté de filets.**

Levez les filets de ce poisson dans leur entier,

glissez votre couteau entre sa peau et la chair pour en ôter la peau; vous parerez vos filets et vous les mettrez dans un sautoir, avec du sel, du gros poivre, du persil, de la ciboule bien hachés, vous ferez ensuite tiédir un bon morceau de beurre que vous verserez dessus: au moment de servir, vous le mettrez sur le feu, vous le retournerez avec soin; assurez-vous de sa cuisson; vous le dresserez sur le plat: mettez dans une casserole un bon morceau de beurre, plein une cuiller à dégraisser de velouté, trois jaunes d'œufs, le jus de deux citrons, du sel, du gros poivre, une ravigotte bien hachée; tournez toujours votre sauce jusqu'à ce qu'elle soit liée, ne la laissez pas bouillir, parce qu'elle tournerait: voyez si elle est de bon sel, versez-la sur vos filets, et servez.

### Merlans frits.

Otez les ouïes de vos merlans; écaillez-les, videz-les et lavez-les; remettez les foies dans le corps, essuyez-les, coupez le bout de la queue et des nageoires; ciselez-les légèrement des deux côtés; roulez-les dans la farine, et faites-les frire dans une friture très-chaude; quand ils seront fermes et de belle couleur, sortez-les de la friture, dressez-les sur le plat et saupoudrez-les de sel fin.

### Merlans au gratin.

Foncez un plat qui aille au feu, avec du beurre,

persil, ciboules, échalottes et champignons hachés très-fins; couvrez vos merlans préparés comme ci-dessus avec cette mixture; assaisonnez de sel, poivre et muscade; ajoutez un verre de vin blanc; placez sur un feu doux et sous un four de campagne, en arrosant le dessus avec du beurre fondu; faites mijoter, et quand tout a pris une belle couleur dorée, servez avec un jus de citron.

### Merlans grillés.

Videz et nettoyez vos merlans, fendez-les sur les deux côtés, saupoudrez-les de sel et de poivre, trempez-les dans l'huile, roulez-les dans de la farine, et mettez-les sur le gril à un feu vif; quand ils sont grillés à point, dressez-les sur le plat, et recouvrez-les d'une sauce au beurre avec des câpres, ou d'une tomate avec cornichons coupés en dés, ou de citron coupé en tranches.

### Merlans aux fines herbes.

Préparez vos merlans comme nous l'avons dit ci-dessus à l'article Merlans frits; mettez-les dans un plat beurré; saupoudrez-les de sel, poivre, muscade, de persil et ciboules hachés fin; mouillez-les avec du beurrre, puis avec plusieurs verres de vin blanc; retournez-les pour les cuire également des deux côtés; laissez-les sur leur plat, et achevez de lier la sauce avec du beurre frais manié avec de la farine ; servez avec un jus de citron.

### Merlans à la bonne eau.

Videz vos poissons et les ratissez, nettoyez-les avec un linge mouillé ; vous leur coupez la tête jusqu'au tronc du corps, la queue un peu avant : mettez-les ensuite dans une casserole, et en y ajoutant de la racine de persil ou en feuilles, deux ou trois ciboules entières, une feuille de laurier, du sel et de l'eau ; faites-les mijoter un bon quart d'heure ; dressez-les sur un plat : vous mettez un peu de votre bonne eau dans une casserole, vous rompez plusieurs feuilles de persil, et vous leur faites jeter quelques bouillons de votre bonne eau ; vous la versez après sur vos merlans.

### Paudiettes de filets de Merlans.

On lève les filets comme pour un sauté, on les passe de même ; on étend du côté de l'intérieur également un peu de farce de poisson, ou vous roulez votre merlan dessus, de manière qu'il forme le baril ; on met de cette même sauce sur le plat ; vous arrangez vos filets à l'entour et dans le milieu, vous les couvrez ensuite de lard ou d'un double papier beurré, et vous les mettez au four ou sur un fourneau avec un four de campagne par-dessus : une demi-heure suffit pour les cuire ; vous les masquez avec une sauce à l'italienne.

### Morue à la maître-d'hôtel.

Après avoir écaillé et lavé un morceau de morue, mettez-le dans une casserole à l'eau fraîche. Quand il sera sur le point de bouillir, écumez-le et ôtez-le du feu dès que l'eau bout. Couvrez-le pendant un demi-quart d'heure; ensuite retirez-le de l'eau et faites-le égoutter. Après en avoir levé les feuillets, mettez-le dans une casserole avec un morceau de beurre, du persil et des ciboules hachés, poivre et muscade râpée, faites chauffer en le retournant, et servez de suite avec un jus de citron.

### Morue à la provençale.

La morue étant cuite à l'eau et bien égouttée, ôtez-en les arêtes; prenez le plat que vous devez servir, mettez dans le fond de l'échalote, un peu d'ail, de la muscade râpée, persil, ciboules, du zeste de citron, du gros poivre, deux cuillerées d'huile, un peu de beurre. Arrangez la morue dessus; remettez par dessus le même assaisonnement que dessous, et panez ensuite avec la chapelure de pain. Mettez le plat sur un petit feu, pour qu'elle bouille doucement, et faites-lui prendre couleur par dessus avec une pelle rouge ou un couvercle de tourtière; servez avec un jus de citron. Autrement, la morue étant préparée comme ci-dessus, écrasez-la avec une cuiller de bois, pilez-la et la mettez dans une casserole. Versez dessus, et petit à petit, une demi-livre d'huile, en remuant fortement. Pour éviter que l'huile ne tourne point, ajoutez de temps en temps un peu d'eau d'ail. La morue étant bien amalgamée avec l'huile, finissez avec un jus de citron, et servez avec une garniture de croûtons frits.

### Moules à la poulette.

Commencez par ratisser les coquilles de vos moules avec un couteau, pour en enlever les sables et les ligaments qui les environnent, lavez-les à plusieurs eaux, faites-les égoutter, mettez-les dans une casserole à grand feu, agitez-les, et lorsqu'elles sont ouvertes par l'action du feu, retirez-les et supprimez tout ou partie des coquilles. Ayez soin d'ôter les crabes, s'il s'en trouve. Passez l'eau qu'elles ont rendue à travers un tamis de soie; laissez-la déposer et tirez-la au clair. Maniez un morceau de beurre avec de la farine; délayez le tout avec de l'eau des moules et un peu de persil haché fin, sel, poivre et muscade râpée; faites réduire cette sauce, remettez-y les moules; et, au moment de servir, ajoutez une liaison de jaunes d'œufs et le jus d'un citron. Ne mettez de sel qu'autant que l'eau de vos moules ne serait pas naturellement assez salée.

### Moules au naturel.

Vos moules étant nettoyées, faites-les cuire à grande

eau, et servez-les sans enlever les coquilles ; dressez-les sur le plat et versez dessus une sauce composée de beurre fondu, de sel, de muscade et d'un jus de citron.

### Perches grillées.

Lorsqu'elles sont vidées et écaillées, ciselez vos perches et marinez-les comme ci-dessus ; faites-les ensuite cuire sur le gril, et servez-les avec une sauce aux câpres et aux anchois.

### Perches frites.

Nettoyez des perches, faites-leur des incisions sur les deux côtés, pour les faire mariner avec de l'huile, des ognons, un jus de citron, du persil et du sel ; roulez-les dans la farine ; après les avoir égouttées, mettez-les dans la friture chaude. Quand elles sont cuites et de belle couleur, dressez-les sur un plat, et servez avec du persil frit. On peut aussi les paner et les mettre sous le four de campagne pour les colorer.

### De la raie.

Parmi les différentes espèces de raies, la bouclée est la plus recherchée.

### Raie au beurre noir.

Après l'avoir bien lavée à l'eau fraîche et ôté l'amer

du foie, faites cuire votre raie dans de l'eau de sel, avec quelques tranches d'ognons et du vinaigre. Après sa cuisson, retirez-la pour l'éplucher, c'est-à-dire en enlever la peau et les bords; lorsqu'elle est ainsi nettoyée et parée, faites frire du persil en feuilles dans du beurre, entourez-en la raie égouttée et dressez sur le plat; versez dessus une sauce au beurre noir, et servez.

**Raie à la sauce blanche.**

Après avoir fait cuire et épluché votre raie comme il est dit précédemment, dressez-la sur le plat, semez dessus des cornichons coupés en dés ou des câpres, et arrosez-la d'une sauce blanche.

**Rougets au court-bouillon.**

Arès avoir vidé et écaillé des rougets, faites-les cuire dans une casserole, avec du beurre et du vin blanc, un bouquet garni, un clou de girofle, ognons en tranches, sel et poivre. Comme il ne faut qu'un moment pour atteindre leur parfaite cuisson, vous ne les mettez dans votre court-bouillon, qu'après que celui-ci aura bouilli l'espace d'une demi-heure. Quand vos rougets sont cuits, dressez-les sur le plat avec une sauce aux câpres ou aux anchois, et servez.

**Rougets grillés.**

Vos rougets étant vidés et écaillés, mettez-les mariner dans de l'huile, faites-les ensuite cuire sur le gril; après leur cuisson, dressez-les sur le plat en les masquant d'une sauce au beurre ou à l'huile, et servez.

### Du saumon.

Le meilleur saumon est celui dont la chair est d'un rouge orangé; quelquefois on le sert entier, mais bien plus souvent par tranches ou darnes.

### Saumon au bleu.

Videz un saumon dont vous enlevez les ouïes; lavez-le à grande eau; ficelez la tête avec l'extrémité de la queue, et placez-le dans une poissonnière avec du vin en quantité suffisante pour le baigner, des carottes et des ognons coupés en dés, tym, laurier, clous de girofle et persil en feuilles. Après l'avoir laisser mijoter pendant trois ou quatre heures, retirez-le, égouttez-le, et dressez sur un plat recouvert d'une serviette et couronné de persil bien vert. Servi de cette manière, le saumon ne s'écaille point. Autrement cette précaution est recommandée.

### Saumon grillé au câpres.

Faites mariner pendant une heure une ou plusieurs darnes de saumon avec de l'huile, des ognons coupés en dés, des ciboules, du persil, sel et poivre; mettez-les ensuite sur le gril, et arrosez-les avec la marinade;

dressez-les sur le plat, en versant dessus une sauce blanche aux câpres et une sauce tomate.

### Saumon aux fines herbes.

Prenez un morceau de beurre, un peu de persil haché, des échalottes, des herbes, des champignons, du poivre et du sel : mêlez le tout ensemble ; mettez un peu de ce mélange au fond du plat sur lequel vous avez dessein de servir votre poisson ; mettez par-dessus quelques tranches minces de saumon, par-dessus le saumon mettez le reste du beurre et des herbes ; parsemez de la mie de pain sur le tout ; arrosez de beurre et faites-le cuire au four. Après la cuisson, dégraissez votre poisson, et servez-le avec une sauce claire et appétissante.

### Saumon roulé.

Ouvrez un saumon dans sa longueur, prenez-en la moitié, désossez-la et blanchissez-la ; saupoudrez le côté de l'intérieur d'un mélange fait avec un peu de poivre, du sel, de la muscade, du macis, quelques huîtres hachées, du persil et de la mie de pain : roulez fortement le saumon sur lui-même ; mettez-le dans un plat creux, et faites-le cuire au four bien chaud. Quand il est cuit, servez-le avec la sauce en usage pour les poissons.

### Saumon sec.

Faites tremper pendant deux ou trois heures du saumon fumé, mettez-le ensuite sur le gril, en le poivrant un peu. Servez-le avec la sauce que vous jugerez la plus agréable.

### Sardines fraîches frites.

Préparez des sardines comme ci-dessus ; quand elles sont bien essuyées, farinez-les, faites-les frire dans du beurre, et servez.

### Soles au gratin.

Videz et lavez des soles comme pour les faire frire ; ensuite formez un plat qui aille au feu avec du beurre tiède, du persil, des échalottes, des ciboules et des champignons hachés très fins, sel, poivre et muscade râpée ; posez vos soles sur ces ingrédiens, mettez-en par dessus elles une seconde couche avec du beurre ; ajoutez un verre de vin blanc et saupoudrez de mie de pain ou de chapelure ; arrosez avec du beurre fondu, afin que votre gratin prenne une belle couleur, mettez le plat sur un feu modéré et sous un four de campagne.

### Soles sur le plat.

Nettoyez et essuyez bien vos soles, saupoudrez-les

de fines herbes. Mettez-les ensuite dans un plat foncé de beurre assaisonné de sel, de poivre, persil, échalottes, muscade râpée; mouillez avec du vin blanc, et couvrez le tout d'une couche de mie de pain ou de chapelure; arrosez avec du beurre fondu, et terminez comme à l'article précédent.

### De la tanche.

Comme la tanche séjourne habituellement dans la vase, elle en conserve souvent l'odeur et le goût. Il est donc nécessaire de la faire dégorger. Pour l'écailler, il faut d'abord la mettre un instant dans l'eau bouillante. On la vide, on la lave et on lui ôte les nageoires. Elle s'accommode ordinairement de la même manière que la carpe et la perche.

### Tanche à la poulette.

Après avoir fait dégorger et écaillé une tanche, coupez-la par troncs, passez-la au beurre, saupoudrez de farine, mouillez avec du vin blanc; ajoutez sel, muscade râpée, bouquet garni, laurier, champignons et petits ognons; faites cuire à feu ardent; faites une liaison avec des jaunes d'œufs; dressez sur le plat, et servez avec du jus de citron.

### Tanche en matelote.

Usez de la recette indiquée pour la carpe en matelote.

### Tanche grillée.

Après avoir préparé une tanche, comme nous l'avons ci-devant prescrit, mais sans la dépecer, mettez-la sur le plat et masquez-la d'une sauce aux câpres et aux anchois.

### De la tortue.

Il y a des tortues de terre et de mer. On ne s'en sert ordinairement que pour garnitures de ragoûts.

### Tortue en haricot.

Après avoir coupé la tête et les pattes d'une tortue, faites-la cuire pendant quelques instans dans de l'eau avec des racines, ognons, persil, ciboules, des tranches de citron et du sel; retirez-la pour en détacher l'écaille; supprimez l'amer, coupez la chair par morceaux, et mettez ces morceaux dans une casserole avec des bardes de lard dessus et dessous; couvrez avec le four de campagne, et faites bien mijoter; après la cuisson, dressez sur le plat, et servez avec des navets roussis dans le beurre.

### Turbot au court-bouillon.

Préparez un turbot comme à l'article précédent, puis mettez-le cuire dans de l'eau, à laquelle vous ajoutez du sel, du laurier, un peu de thym, du persil, ciboule et ognon; saupoudrez de sel et de poivre. Au bout d'une demi-heure d'ébullition, passez au tamis, mêlez-le avec du lait, et achevez de cuire dans une turbotière; laissez-le refroidir, et dressez le turbot sur table, étendu simplement sur une serviette blanche, avec un entourage de persil bien vert. On peut aussi l'accompagner d'une saucière, comme à l'article précédent.

Si vous tenez à ce que votre turbot soit très blanc, laissez bouillir le court-bouillon à part, l'espace d'un quart d'heure.

### Turbot en salade.

Coupez par morceaux un turbot cuit et refroidi, et mettez ces morceaux dans une casserole avec de la gelée, ajoutez-y de l'huile et du vinaigre, une ravigote hachée; faites-les sauter, et saupoudrez ensuite de sel et de poivre, dressez-les sur le plat en les entremêlant artistement de cœurs de laitues, de cornichons et d'œufs durs coupés en rouelles. On peut y joindre encore des anchois, des câpres et des croûtons frits, avec du zeste de citron.

### Turbot en Matelote.

Prenez un petit turbot; après l'avoir paré, remplissez son intérieur d'une sauce à la maître-d'hôtel dans son état de crudité. D'autre part, coupez en très petits dés un certain nombre d'ognons, mettez ces ognons émincés sur un plat qui aille au feu, avec un morceau de beurre; ajoutez sel, poivre, thym, laurier, persil haché et muscade râpée; sur cette préparation placez votre turbotin, et mouillez avec du vin blanc; faites cuire sous un four de campagne et sur un feu modéré, en ayant soin de l'arroser fréquemment avec son beurre. Préparez, avant de servir, une certaine quantité de croûtes de pain, entourez-en votre turbot, dressez-le sur le plat, et versez dessus la sauce avec un jus de citron.

### Truite frite.

La truite se prépare et se fait frire de la même manière que la carpe.

### Truite à la Chambord.

Après avoir vidé une truite, faites-la blanchir dans de l'eau bouillante; enlevez-en légèrement la peau, et égouttez-la pour la piquer avec des filets de truffes. Faites-la cuire ensuite dans une marinade au vin; après la cuisson, dressez-la sur le plat avec une garniture de ris de veau piqué, d'écrevisses, de quénelles de carpe, de truffes coupées par tranches et de champignons; masquez le tout d'une sauce à la financière, et servez.

### Truite au court-bouillon.

Videz une truite par les ouïes, après l'avoir bien lavée et essuyée, ficelez-lui la tête, puis faites-la cuire dans une poissonnière avec du vin blanc, des ognons coupés par tranches, une poignée de persil, quelques clous de girofle, trois feuilles de laurier, autant de branches de thym, et du sel; quand elle aura mijoté pendant une heure, dressez-la sur une serviette et sur un lit de persil vert; mettez à côté un huilier ou une sauce faite avec une partie du court-bouillon que vous liez avec du beurre manié de farine, et que vous faites réduire à grand feu.

### Autrement.

Après l'avoir préparée comme ci-dessus, mettez dans la poissonnière de l'eau, du sel, du poivre, des échalottes et des tranches d'ognons, force persil, un peu d'ail et un verre de vinaigre. Il faut que le poisson trempe dans l'eau. Faites-le cuire à gros bouillon, et servez comme nous venons de le dire ci-dessus. On peut aussi le servir avec une sauce aux câpres et aux anchois.

### Truite à l'étuvée.

Farcissez une petite truite avec de la chapelure de pain, un peu de beurre, du persil haché, de l'écorce de citron rapée, du poivre, du sel, de la muscade, de la sariette et du jaune d'œufs, le tout bien mêlé. Mettez la truite dans une casserole avec une pinte de bon jus bouillant, un peu de vin de Madère, un ognon, un peu de gros poivre, quelques clous de girofle, et un morceau d'écorce de citron. Faites mijoter jusqu'à parfaite cuisson, ensuite ajoutez-y un peu de farine délayée avec un peu de crême et un peu de catchup. Faites bouillir un moment; ajoutez un peu de citron; et servez.

### Manière de mariner les truites.

On fait frire les truites dans une quantité d'huile suffisante pour les couvrir, et on ne les met dans l'huile que quand elle est bouillante. Lorsqu'elles sont frites, on les laisse égoutter jusqu'à ce qu'elles soient froides, on prend ensuite du vin blanc et du vinaigre en égale quantité, un peu de sel, du gros poivre, de la muscade, des clous de girofle, du macis, du gingembre coupé par tranches, de la sariette, de la petite marjolaine, du thym, du romarain et deux ognons. On fait bouillir le tout ensemble pendant un quart d'heure; on les met ensuite dans une terrine; on verse la marinade par-dessus; on ajoute une dose égale de vin blanc et de vinaigre, et suffisante pour que les poissons en soient couverts, et les servez.

### Vives à la maître d'hôtel.

Videz et lavez des vives, après avoir coupé les arêtes.

du dos et des ouïes; ciselez-les légèrement des deux côtés; faites-les mariner dans de l'huile avec du persil et du sel. Parez-les ensuite sur le gril; après leur cuisson, dressez-les sur le plat, et masquez-les d'une sauce à la maître d'hôtel, ou avec une sauce au beurre semée de câpres.

# PRÉCIS

# DES LOIS ET RÈGLEMENTS

## DE LA PÊCHE.

### Décret relatif à l'abolition du droit exclusif de Pêche.

*Du 6 juillet 1793.*

La convention nationale, après avoir entendu son comité de législation, sur la pétition du citoyen Gabaret, de la commune d'Orval, département de la Manche, du 8 mai dernier, tenant à faire décréter l'abolition du droit exclusif de la pêche, prétendu par des ci-devant seigneurs, et la permission à chacun de pêcher le long de ses héritages, passe à l'ordre du jour, motivé sur les articles 2 et 5 du décret du 25 août dernier; le premier portant que toute propriété foncière réputée franche et libre de tous droits, tant féodaux que censuels, si ceux qui les réclament ne prouvent le contraire dans la forme qui sera prescrite ci-après; l'autre, que généralement tous les droits seigneuriaux, tant féodaux que censuels, conservés ou déclarés rachetables, par les lois antérieures, quelles que soient leur nature ou leur dénomination, même ceux qui pourraient avoir été omis dans lesdites lois ou dans le présent décret, ainsi que tous les abonnements, pensions et prestations quelconques les représentant, sont abolis sans indemnité, à moins qu'ils ne soient justifiés avoir pour cause une concession primitive de fonds, laquelle clause ne pourra être établie qu'autant qu'elle se trouvera clairement énoncée dans l'acte primordial d'inféodation, d'acensement ou de bail à cens, qui devra être rapportée.

## Décret relatif à l'abolition des Droits exclusifs de Pêche et de Chasse.

*Du 30 juillet 1793.*

La convention nationale, après avoir entendu la lecture d'une délibération prise par l'administration du département de la Charente, le 20 de ce mois, qui réfère à la convention nationale la question de savoir si le droit de pêche est compris dans l'abolition générale des droits féodaux, et sur la proposition d'un membre, passe à l'ordre du jour, motivé sur ce que les droits exclusifs de pêche et de chasse étaient des droits féodaux abolis par les lois précédentes, comme tous les autres.

**Arrêté concernant la police du droit de pêche.**

*Du 28 messidor an VI.*

Le directoire exécutif, sur le compte qui lui a été rendu par le ministre de la justice, que, dans quelques-uns des départements réunis, aucune règle de police n'est observée relativement au droit de pêche; que la faculté qu'ont tous les citoyens de pêcher dans les rivières navigables et flottables, sert même de prétexte pour occasionner des dégâts dans les propriétés d'autrui, et que certains tribunaux correctionnels de ces départements se croyent sans moyens pour réprimer de pareils désordres, faute de lois à ce sujet;

Vu, 1o les art. 5, 6, 7, 8, 9, 10, 11, 12, 14, 17, et 18, tit. XXXI de l'ordonnance des eaux et forêts de 1669, qui contiennent diverses dispositions propres à régler l'exercice du droit de pêche, de manière à ce qu'il ne dégénère pas en un abus nuisible;

2o L'art. 609 du Code des délits et des peines, qui veut qu'en attendant que les dispositions de l'ordonnance de 1669 aient pu être révisées, les tribunaux correctionnels appliquent aux délits qui sont de leur compétence les peines qu'elle prononce;

3o Et l'article 11 de la loi du 12 vendémiaire an IV, portant que le directoire exécutif, et chaque administration départementale ou municipale, ou bureau central, pourront, par délibération spéciale, ordonner la réimpression, l'affiche et la publication des lois anciennes ou récentes ;

Considérant que la suppression du droit exclusif de la pêche, en donnant à chacun la faculté de pêcher dans les rivières navigables et flottables, n'entraîne point l'abolition des règles établies pour la conservation des différentes sortes de poissons, et pour le maintien de l'ordre et le respect des propriétés; qu'ainsi les articles ci-dessus cités du titre XXXI de l'ordonnance de 1669 doivent continuer d'avoir leur exécution ;

Considérant que le défaut de promulgation de ces articles dans les départements réunis, ne peut pas dispenser les tribunaux de ces départements d'appliquer les peines qu'ils prononcent, puisque la promulgation du code des délits et des peines, dont l'art. 609 impose aux tribunaux l'obligation d'appliquer les peines qui sont établies par l'ordonnance de 1669, suffit pour rendre les dispositions pénales de cette ordonnance obligatoires dans les pays même où elle n'a pas été spécialement publiée, ainsi que le tribunal de cassation l'a jugé plusieurs fois, notamment le 7 vendémiaire dernier, en cassant un jugement rendu par le tribunal criminel du département des Vosges, le 20 prairial précédent, qui avait admis le principe contraire ; qu'en conséquence le code des délits et des peines ayant été promulgué dans les départements réunis, les tribunaux de ces départements ne doivent pas hésiter à appliquer, lorsqu'il y a lieu, les peines que prononcent les articles ci-dessus cités du titre XXXI de l'ordonnance de 1669.

Considérant néanmoins qu'il est utile de publier ces articles dans les départements réunis ;

Arrête ce qui suit :

ARTICLE 1er.

Les articles 5, jusqu'à ces mots, *pourvu que ce soit*, etc. ; 6, jusqu'aux mots, *et du carcan*, etc. ; 7, 8, 9, 10, 11, 12, 14, 17 et 18 du titre XXXI de l'ordonnance des eaux et forêts de 1669, relatifs à la police de la pêche, continueront d'être exécutés en conséquence et conformément à l'art. 609 du code des délits et des peines, les tribunaux correctionnels appliqueront, à ceux qui contreviendront aux dispositions de ces articles, les peines qu'ils prononcent jusqu'à ce qu'il en soit autrement ordonné par le corps législatif.

2. Les articles ci-dessus cités du titre XXXI de l'ordonnance de 1669, seront réimprimés, affichés et publiés dans toute l'étendue des neuf départements réunis.

3. Le ministre de la justice est chargé de l'exécution

du présent arrêté, qui sera inséré au Bulletin des lois, ainsi que les articles précités.

*Suivent les articles précités :*

5. « Leur défendons pareillement de pêcher, en quelques jours et saisons que ce puisse être, à autres heures que depuis le lever du soleil jusqu'à son coucher, sinon aux arches des ponts, aux moulins et aux bords où se tendent des dideaux, auxquels lieux où ils pourront pêcher tant de nuit que de jour.

6. « Les pêcheurs ne pourront pêcher durant le temps du frai, savoir : aux rivières où la truite abonde sur tous les autres poissons, depuis le 1er février (13 pluviôse) jusqu'à la mi-mars (25 ventôse), et aux autres, depuis le 1er avril (12 germinal) jusqu'au 1er juin (13 prairial), à peine, pour la première fois, de vingt francs d'amende et d'un mois de prison, et du double de l'amende et de deux mois de prison pour la seconde (1).

7. « Exceptons toutefois de la prohibition contenue en l'article, la pêche aux saumons, aloses et lamproies, qui sera continuée en la manière accoutumée.

« Ne pourront aussi mettre bires (2) ou nasses d'o-

(1) Indépendamment des dommages et intérêts du fermier.

(2) Espèce de nasse qui en a une petite sur le côté.

sier à bout des dideaux, pendant le temps de frai, à peine de vingt francs d'amende et de confiscation du harnais pour la première fois, et d'être privés de la pêche pendant un an, pour la seconde.

9. « Leur permettons néanmoins d'y mettre des chausses ou sacs, du moule de dix-huit lignes en carré (quatre centimètres environ), et non autrement, sur les mêmes peines; mais, après le temps de frai passé, ils y pourront mettre des bires ou nasses d'osier à jour, dont les verges seront éloignées les unes des autres de douze lignes (vingt-sept millimètres).

10. « Faisons très-expresses défenses aux maîtres pêcheurs de se servir d'aucuns engins et harnais prohibés par les anciennes ordonnances sur le fait de la pêche, et en outre de ceux appelés giles (1), tramail, furet (2), épervier, châlon (3) et sabre (4), dont elles ne font pas mention, et de tous autres qui pourraient être inventés au dépeuplement des rivières, comme aussi d'aller au barandage et mettre des bacs en rivières, à peine de cent francs d'amende pour la première fois, et de punition corporelle pour la seconde.

11. « Leur défendons, en outre, de bouiller (1)

(1) Espèce de grand épervier.

(2) Espèce d'épervier.

(3) Grand filet qui n'est plus en usage.

(4) Espèce de truble.

(1) Troubler l'eau.

avec bouilles (1) ou rabots (2), tant sur les chevrins, racines, saules, osiers, terriers et arches, qu'en autres lieux, ou de mettre lignes avec échets et amorces vives (3), ensemble de porter chaînes et clairons (4) en leurs batelets, et d'aller à la phare (5), ou de pêcher dans les noues (6) avec filets, et d'y bouiller pour prendre le poisson et le frai qui a pu y être porté par le débordement des rivières, sous quelque prétexte, en quelque temps et manière que ce soit, à peine de cinquante francs d'amende contre les contrevenants et d'être banni des rivières pour trois ans, et de trois cents francs contre les maîtres particuliers ou leurs lieutenants qui en auront donné la permission.

12. « Les pêcheurs rejetteront en rivière les truites, carpes, barbeaux, brêmes et meuniers (7) qu'ils auront pris, ayant moins de six pouces entre l'œil et la queue, et les tanches, perches et gardons qui en auront moins de cinq, à peine de cent francs d'amende, et confisca-

(1) Longue perche.

(2) Instrument semblable à celui dont on se sert pour délayer la chaux vive.

(3) Echets ou amorces vives, appât qui se compose d'un poisson vivant.

(4) Espèce de cliquette composée de deux morceaux de bois réunis par une chaîne et qui sert à troubler l'eau.

(5) Ou pêcher au feu.

(6) Espèce d'égoûts ou de canaux qui aboutissent aux rivières navigables.

(7) Ou chevanne.

tion contre les pêcheurs et marchands qui en auront vendu ou acheté.

14. « Défendons à toutes personnes de jeter dans les rivières aucune chaux, noix vomique, coque de levant, momie et autres drogues ou appâts, à peine de punition corporelle.

17. « Défendons de prendre et enlever les épaves (1) sans permission des officiers de nos maîtrises, après la reconnaissance qui en aura été faite, et qu'elles aient été adjugées à celui qui les réclame.

18. « Faisons défenses à toutes personnes d'aller sur les mares, étangs et fossés, lorsqu'ils seront glacés, pour en rompre la glace et y faire des trous, ni d'y porter flambeau, brandons et autres feux, à peine d'être punis comme de vol. »

## *Extrait de la loi du 14 floréal an V.*

### TITRE V.

### De la pêche.

Art. 12. A compter du 1er vendémiaire prochain, nul ne pourra pêcher dans les fleuves et rivières navigables, s'il n'est muni d'une licence, ou s'il n'est ad-

(1) Effets trouvés, délaissés sur les rivières, soit par naufrage, inondation et autres accidents, et qui ne sont réclamés par aucun légitime propriétaire.

judicataire de la ferme de la pêche, conformément aux articles suivants.

13. Le gouvernement déterminera les parties des fleuves et rivières où il jugera la pêche susceptible d'être mise en ferme, et il réglera pour les autres les conditions auxquelles seront assujettis les citoyens qui voudront y pêcher moyennant une licence.

14. Tout individu qui, n'étant ni fermier de la pêche, ni pourvu de licence, pêchera dans les fleuves et rivières navigables autrement qu'à la ligne flottante et à la main, sera condamné :

1o A une amende qui ne pourra être moindre de cinquante francs, ni excéder deux cents francs;

2o A la confiscation des filets et engins de pêche;

3o A des dommages-intérêts envers le fermier de la pêche, d'une somme pareille à l'amende.

L'amende sera double en cas de récidive.

15. Les délits seront poursuivis et punis de la même manière que les délits forestiers.

16. Les gords, barrage et autres établissements fixes de la pêche, construits ou à construire, seront pareillement affermés, après qu'il aura été reconnu qu'ils ne nuisent point à la navigation, qu'ils ne peuvent produire aucun attérissement dangereux ; et que les propriétaires riverains n'en peuvent souffrir aucun dommage.

17. La police, la surveillance et la conservation de la pêche seront exercées par les agents et préposés de

l'administration forestière, en se conformant aux dispositions prescrites pour constater les délits forestiers.

18. Les fermiers de la pêche pourront établir des gardes-pêche, à la charge d'obtenir l'approbation du conservateur des forêts, et de les faire recevoir comme les gardes-forestiers.

## Arrêté relatif à la pêche sur les fleuves et rivières navigables.

*Du 17 nivôse an XII.*

Le gouvernement de la république, sur le rapport du ministre des finances,

Vu l'article 14 du titre V de la loi du 14 floréal an X;

Le conseil d'état entendu,

Arrête :

Art. 1er. L'art. 14 du titre V de la loi du 14 floréal an X sera exécuté selon sa forme et teneur; en conséquence, tout individu, autre que les fermiers de la pêche, ou le pourvu de licence, ne pourra pêcher sur les fleuves et rivières navigables qu'avec une ligne flottante, tenue à la main.

2. Le ministre des finances est chargé de l'exécution du présent arrêté, qui sera inséré au Bulletin des Lois.

## Avis du conseil d'état relatif au droit de pêche des rivières non navigables.

*Du 30 pluviôse an XIII.*

EXTRAIT DES PROCÈS-VERBAUX DU CONSEIL D'ÉTAT.

*(Séance du 27 pluviôse an XIII.)*

Le conseil d'état, qui a entendu le rapport de la section de l'intérieur, sur celui du ministre de l'intérieur, relatif à la question de savoir à qui des propriétaires riverains ou des communes, appartient la pêche des rivières non navigables;

Considérant, 1o que la pêche des rivières non navigables faisait partie des droits féodaux, puisqu'elle était réservée en France, soit au seigneur haut-justicier, soit au seigneur du fief;

2o Que l'abolition de la féodalité a été faite non au profit des communes, mais bien au profit des vassaux, qui sont devenus libres dans leurs personnes et dans leurs propriétés;

3o Que les propriétaires riverains sont exposés à tous les inconvénients attachés au voisinage des rivières non navigables (dont les lois d'ailleurs n'ont pas réservé des avant-bords destinés aux usages publics); que les lois et arrêtés du gouvernement les assujettissent à la dépense du curage et à l'entretien de ces rivières, et que dans les principes de l'équité naturelle, celui qui supporte les charges doit aussi jouir du bénéfice; . . . . .

4o Enfin, que le droit de pêche des rivières non navigables, accordé aux communes, serait une servitude pour les propriétés des particuliers, et que cette servitude n'existe point, aux termes du Code civil,

Est d'avis que la pêche des rivières non navigables ne peut, dans aucun cas, appartenir aux communes; que les propriétaires riverains doivent en jouir, sans pouvoir cependant exercer ce droit qu'en se conformant aux lois générales ou réglements locaux concernant la pêche, ni le conserver lorsque par la suite une rivière, aujourd'hui réputée non navigable, deviendrait navigable; et qu'en conséquence tous les actes de l'autorité administrative qui auraient mis des communes en possession de ce droit doivent être déclarés nuls.

## *Extrait du Code pénal.*

### LIVRE III.

Art. 453. Ceux qui, sans nécessité, auront tué l'un des animaux mentionnés au précédent article (des chevaux ou autres bêtes de voiture, de monture ou de charge, des bestiaux à cornes, des moutons, chèvres ou porcs, ou des poissons dans des étangs, viviers ou réservoirs), seront punis ainsi qu'il suit : . . . . . . . . . . . . . . . . la peine sera un emprisonnement de deux mois à six. . . . . . . . . . . . . . . . . . . . . . . . . . . .

Le *maximum* de la peine sera toujours prononcé en cas de violation de clôture.

# TABLE

## RAISONNÉE DES PÊCHES

AVEC

## LES NOMS DES POISSONS.

ABAIT, mot d'usage en Bretagne pour signifier appât ; d'où l'on dit abaiter, abecquer ou embecquer, pour amorcer.

ABLE ou ABLETTE, description de l'Ablette; facilité de ce poisson à se laisser prendre, soit à la ligne, soit aux filets. Ce poisson est commun dans les rivières de Marne et de la Seine, la Loire, l'Allier, la Vienne, la Moselle, la Seille et autres rivières. Le filet pour le prendre se nomme ableret, carré ou carrelet. L'Ablette est très-intéressante par ses écailles dont on fabrique les fausses perles, et pour servir d'appât pour prendre les anguilles. On forme au milieu de la rivière de Seine une espèce de clayonnage avec des piquets, ce qui augmente l'agitation de l'eau ; à l'un des piquets on attache un panier rempli de tripailles et de sang caillé qu'on ramasse dans les boucheries. L'eau emporte peu à peu ce sang, et les Ables, attirés par cet appât, se laissent prendre soit à la ligne, soit aux filets.

ACHÉE, vers dont les pêcheurs amorcent les hains.

ACON, petit bâteau plat, très-léger, et carré par derrière, pour aller sur les vases.

ACQ ou ACQUIE, terme picard pour signifier un hain.

ACUL, fond des parcs, du côté de la mer.

AICHE, ou eche; appât.

AIGUILLIÈRE, filet qui ressemble à la battude ou au sardinal. On le tend entre deux eaux pour prendre des anguilles, des muges.

AILES DE FILET, bandes qu'on ajoute aux côtés des filets en manche.

ALIGNOLLE, filet de Provence, simple nappe lestée et flottée.

L'ALOSE va par troupe. Prodigieuse quantité prise sur l'Allier et la Seine. Pourquoi nommée pucelle? Sa pêche se fait avec avantage à l'embouchure des grandes rivières, surtout dans la Seine, la Loire, depuis la fin de mars jusqu'à la mi-juin. Elle se fait avec une seine de 80 brasses de longueur sur 3 de chute. Il y a des pêcheurs qui tendent par le travers de la rivière des tramaux qu'ils nomment alosat, lorsque ce poisson remonte les rivières, façon de l'accommoder.

ALEVINIERS, petits étangs destinés à élever de l'alevin ou des petits poissons pour peupler les grands étangs.

ALEVIN, petites carpes de 6 pouces de long pour repeupler les étangs.

ALMAIRADES, filets en usage en Languedoc.

AMORCE ou APPAT, tout ce qui flatte ou attire le poisson à mordre à l'hameçon. Amorces diverses pour le chabot. Recette d'amorce pour faire venir le poisson après la ligne.

AMORCER, garnir un hain d'appât.

AMOUBA, hameçon chez les Basques.

ANCRE, gros crochet de fer qui mord le fond du terrain, et arrête les bâtiments.

ANGON, instrument pour tirer les crustacées des rochers.

ANGUILLE, *murœna Anguilla*; L'anguille se pêche aux hameçons, avec des vers de terre, sa description, sa pêche à pied sur la vase, à la fouane, à l'épée. Diverses manières de l'accommoder. Nasses en formes de truble pour prendre les anguilles, appât qui les y attire. Autre pêche sur la vase; autre avec le harpon. L'anguille se pêche à la nasse, à la ligne dormante, à la main, à la javelle. L'anguille de mer, connue sous le nom de congre, est un poisson excellent, très-abondant en Basse-Bretagne.

**ANSE**, enfoncement dans les terres, qu'on nomme crique, moindre que la baie et le golfe.

**ANSIÈRES**, filets qu'on tend dans les anses.

**APPAREILLER UN VAISSEAU**, disposer toutes choses pour le mettre à la voile.

**APPAT**, tout ce qui flatte ou attire le poisson à mordre à l'hameçon. Celui que Walton prescrit; autre appât, pour toutes sortes de poissons; appâts d'œufs de poissons. Appâts factices des Anglais. Appâts de fond; autre réputé très-bon et plus aisé à faire. Appât d'automne. Secousses à donner à la ligne pour faire sautiller l'appât dans l'eau. Appâts qui servent toute l'année. La mouche blanche recommandable pour appât. Divers appâts pour attirer la carpe; habitude de ce poisson; sa pêche à la ligne. Pêche amusante de la carpe et d'autres poissons dans les étangs, lorsqu'il fait du vent, aux canards, aux oies. Appâts de fond, observations sur les appâts de fond, pour la pêche de la brême, de la carpe et du brochet. Appât pour attirer les anguilles dans les nasses.

**APPELET**, corde garnie de lignes ou empiles, et de hains.

**ARCHET**, baguette souple que l'on plie, au milieu de laquelle on attache un plomb et une longue ligne, et aux deux extrémités des empiles garnies d'hameçons.

**ARONDELLE**, corde garnie de lignes latérales, qui porte des hains, et qu'on fixe sur le sable par de petits piquets.

ART DE LA PECHE AUX FILETS, tels que l'épervier, carrelet, truble, tamic, chaudière, bouraque, bouteux, baveneau, bichette, savenelle, chaperon, guideaux, verveux, nappe et seine, etc., et autres instruments.

ART, filet que les pêcheurs du Roussillon appellent boulier.

ATTRAIT, synonyme d'appât ou d'amorce.

AUBUSSEAU, petit poisson de 3 à 4 pouces de longueur, qui se trouve en Poitou et en Aunis. Son corps est de couleur argentée ; il est très-bon à manger. Les pêcheurs prennent un filet qu'ils tendent en courtine sur les vases; pour le tendre, ils prennent un petit bateau ou espèce de traîneau qui glisse sur la vase, lequel ils nomment acon ; ils s'éloignent quelquefois de la côte d'une lieue ; et, lorsque leur pêche est terminée, ils amarinent ces petits poissons.

AUMÉES, nappes à grandes mailles, faisant partie des tramaux.

AUSSIÈRE, bordure de filet, chez les Provençaux.

BACHE TRAINANTE, filet en manche que l'on traîne sur les sables dans des endroits où il y a peu d'eau, pour prendre de la menuise ou du frai.

BACHOTTE, espèce de baquet qu'on emplit d'eau, pour le poisson d'eau douce.

BALANTIN, pêche aux bains, à la côte de Valence en Espagne.

BALLE (traîne la), ligne terminée par une balle ou boulet qui la ait caler.

BANC. On dit banc de sable, de poissons, d'huîtres, de moules. On dit aussi rets à banc.

BANNE, grande toile formée de plusieurs lés.

BARBEAU ou BARBOT. Lieu où le barbeau se trouve; se prend à l'hameçon dormant; manière de le tendre, ce qu'il faut observer. Secret pour le prendre à la main. Pêche des barbeaux à la fouane, et en général, elle se fait comme celle de l'anguille.

BARGES, petits bateaux en usage à l'entrée de la Loire.

BARIOSTE, en Gascogne, une pièce de bois qui se met à l'arrière des petits bateaux nommés filadières.

BASCULE ou BOUTIQUE, bateau au milieu duquel il y a un coffre ou vivier rempli d'eau douce pour transporter à flot le poisson d'eau douce en vie.

BASTUDE, filet pour pêcher les étangs, en Provence.

RATEAU, petit bâtiment qui va à la voile ou à la rame. Il y en a de beaucoup d'espèces.

BAT. On mesure la longueur des poissons entre œil et bat, ce qui se prend depuis le coin de l'œil jusqu'à l'angle de la fourchette de la queue.

BAU. On dit en Provence tirer le bau, lever le filet qu'on traîne.

BAUFFE, grosse corde le long de laquelle sont distribuées nombre de lignes garnies de hains.

BELÉE. Pêcher à la belée, c'est établir une corde qui porte les bains entre deux eaux, au moyen du lest et des lignes.

BERGAT, nasse dont les pêcheurs de la Garonne font usage.

BERTAVELLE, nasse que les Génois font avec du jonc.

BERTAULE, BERTOULENS, BERTOULETTE ou BERTOULONNET, noms qu'en Languedoc on donne aux verveux. Les bertoulettes de Cette sont de très-petits verveux.

BEZOGO, poisson de plus d'un pied de longueur. Ce poisson fournit aux habitants de Biaritz une de leurs principales pêches. La saison de l'hiver, le froid et le vent du nord sont les circonstances les plus favorables. Cette pêche se fait à la ligne jusqu'à six lieues au large. Ce poisson est estimé des Français, qui le transportent assez loin et le consomment frais. Les Espagnols en confisent; ils nomment cette préparation escabecher.

BICHETTE, filet qui ne diffère du haveneau que parceque le filet, au lieu d'être monté sur deux perches droites, l'est sur deux perches courbes. Il sert à plusieurs petites pêches. Composition de cet instrument.

BIECHARIE, tramail dont on se sert sur la Dordogne pour prendre des saumons et des aloses. Le même vraisemblablement que les Girondins nomment Bizarré.

BIGEARREYNS, filet du genre des demi-folles en usage en Gasgogne pour des poissons plats.

BILLOTTÉE, l'action de vendre les poissons d'un étang par lot; ce qui a lieu pour les blanchailles, ou petits poissons.

BIRE, BURE ou BOUTEILLE, sorte de nasse que les pêcheurs de la Seine mettent au bout de leurs guidaux.

BLANCHAILLE, différentes espèces de petits poissons qu'on emploie ordinairement pour appât.

BLANQUET, petit poisson que les Normands appellent franc-blanquet; il est du genre des harengs. Dans les mois de juin et de juillet, il est gros et de bon goût : c'es aussi alors qu'on le trouve dans les parcs en plus grande quantité; il est plein d'œufs et de laite en novembre et en décembre.

BOLANTIN, pêche qui se fait en bateau avec des lignes simples.

BONDE D'UN ÉTANG, est une espèce de gros robinet qu'on établit au milieu de la chaussée, à la partie la plus basse, pour retenir exactement l'eau, quand elle est fermée.

BOURAQUE, faite avec de l'osier; sa forme; cette pêche se fait à pied ou avec des petits bateaux appelés picoteux.

BOULEURS, hommes qui battent l'eau, et fourgonnent dans les herbiers pour engager les poissons à donner dans les filets.

BOUQUETORT, nom que les Coutançois donnent au petit bouteux.

BOUT DE QUIÈVRE, sa composition; est formé comme le grand haveneau, façon de s'en servir; son usage à Caen.

BOUTEUX, sorte de grande truble; sa composition. Cette pêche se pratique sur les fonds des sables unis, lorsque la mer est assez retirée. Cet instrument a un grand manche avec lequel on le pousse devant soi, comme les jardiniers leur ratissoires. Bouteux appelé savre; il y en a de différentes grandeurs. Ce que fait celui qui le manie. Quand commence cette pêche.

BRÈGE, tramail dont les Girondins se servent pour prendre les esturgeons ou créals.

BRASSER, c'est agiter et troubler l'eau avec la bouille, pour faire sortir le poisson et le conduire dans les filets.

BRÈME, lat. *Latus cyprinus*; La Brème est long-temps à croître; sa multiplicité est quelquefois nuisible aux autres poissons, dans les étangs. Pâte propre pour l'attirer; autre indiquée par Walton. Appât de fond pour la pêche de la brème; lieux qu'elle fréquente; son appât favori.

BRETELIÈRES, demi-folles pour prendre des petits chiens-de-mer, qu'en Normandie on nomme brette ou bretelles.

BRICOLLE. On appelle ainsi le long des rivières

une ligne attachée au pieu qui porte à son autre bout un ou plusieurs hains amorcés.

BRISANS. On donne ce nom à des rochers qui, s'élevant à fleur d'eau, forment des lames ou petites vagues.

BROCHET, lat. *Esox Lucius*. Le brochet est du genre de l'ésoce; ses mœurs, sa longévité. Histoire de celui que l'empereur Frédic II jeta dans un étang en 1449; sa grande voracité; délicatesse de son foie. Chasse du brochet au miroir et à coups de fusil; on le charge seulement avec de la poudre; on adapte à un bouchon de liége une sagette, ou petite flèche, laquelle est tenue par un fil de soie, du crin ou du laiton très-délié et fort long, attaché à son autre bout à la crosse du fusil, de façon que le coup tiré, le poisson atteint par la flèche ailée, on puisse le retirer à bord. Il n'est pas indifférent d'observer que le chasseur doit être assez près du brochet ou de tout autre poisson, pour n'éprouver aucun des inconvéniens qui pourraient en résulter. La pointe de la flèche doit être disposée en forme de crochet, afin que, entrant avec rapidité dans la chair du poisson, il l'accroche et le retienne : chacun d'ailleurs peut essayer cette espèce de chasse qui m'a été communiquée. Pêche singulière du brochet, aux hameçons, avec des grenouilles pour appât; autres, attachés à une botte de paille; aux ailes d'un canard vivant, ou à une vessie que le vent entraîne. Secret pour pêcher le brochet avec des amorces mortes; autres, aux collets; autre à la ligne volante; précautions à observer pour tirer la ligne de l'eau lorsque le poisson a mordu (1); autre, aux bricolles; à la turlotte. Observation et divers appâts pour prendre le brochet; assaisonnement du brochet; ses ravages aux appâts de fond.

BROGUER, c'est percer le poisson avec le hain.

BUHOTTIER, petit bouteux à prendre des chevrettes, que les Picards nomment buchots.

CABLIÈRE, pierre percée dont les pêcheurs se servent pour assujétir leurs filets au fond de la mer ou sur le sable.

CABOUTIÈRE, sorte de tramail dont on fait usage à Cette.

CACHE, filet tendu sur des piquets en forme de palis, à l'embouchure des parcs, pour déterminer le poisson à y entrer.

CALEN, grand carreau qu'on établit à l'avant d'un petit bateau, et qu'on relève au moyen d'un contrepoids.

CALER. C'est enfoncer dans l'eau un corps pesant.

CANARD, espèce de filet de 50 brasses de longueur et de 8 pans de large, soutenu par des roseaux.

(1) M. Clavaux, à Paris, rue Coquillière, n, 32, a perfectionné un petit TOURNIQUET, sur lequel se roule sans secousse une ligne de crin ou de soie sans nœuds; instrument qui peut obvier à une infinité d'inconvéniens que les pêcheurs éprouvent dans ces occasions.

La pêche où on emploie ce filet, dure pendant les mois de juillet, d'août et de septembre.

CANIÈRE, espèce de brételliére pour prendre les chiens, que les Bas-Normands appellent ainsi.

CANNE ou CANNETTE. On dit pêcher à la canne, quand au bout d'une canne ou d'une perche déliée, on attache une ligne à l'extrémité de laquelle est empilé un hain.

— Manière de faire la canne.

CANON, bâton ajusté au bout des seignes pour tenir le filet tendu.

CAPELAN, poisson de six à sept pouces de longueur : sa chair est tendre, délicate et de bon goût. La pêche de ce poisson se fait de bien des manières. On en prend beaucoup en Provence avec le bregin et le gangui, dans des anses où il se rassemble quelquefois en assez grand nombre; il s'en prend encore plus ordinairement avec la seine.

CAPOUTIÈRE, nappe de filet d'auffe, à large mailles, qu'on met à l'entrée des bourdigues, pour empêcher le poisson de s'échapper, et qu'on abat pour laisser passer les bateaux quand il s'en présente.

CARDON. On nomme ainsi à Caen les petites chevrettes.

La carpe est applée la reine des étangs et des rivières, elle est susceptible de quelque éducation; sa pêche se fait à la ligne. Moyen de savoir s'il y en a dans le lieu où l'on se propose de pêcher, leur bombardement; moyen facile de les pêcher avec une vieille chaloupe. On se sert d'hameçons d'acier et de lignes très-fortes pour la carpe. Ses divers assaisonnements. Les carpes parviennent jusqu'à trois coudées de longueur; celles de l'étang de Camiers passent pour les meilleures du royaume. Les plus grosses pèsent environ 20 livres. — Observations sur sa pêche. Avant de jeter la ligne à l'eau, on y attache un morceau de liége, et on le dispose de telle façon qu'il se trouve sur la surface de l'eau lorsque l'hameçon est au fond. Si le poisson tire, le liége enfonce; il faut alors lever la ligne, afin de le piquer; on se sert de la truble concurremment avec la ligne; mais lorsqu'on pêche dans des endroits où il y a des crones, des racines d'arbres ou des herbiers où le poisson se réfugie, on se sert du tramail. Ce qu'on estime le plus de la carpe comme aliment, c'est la laite, les œufs, la tête, et principalement le palais.

CARPIERS, petits étangs, appelés aussi aleviers.

CARREAU, CARRELET, CARRE, CALEN, VENTURON, ECHIQUIER, HUMIER. C'est une nappe carrée qu'on tend sur deux portions de cerceau qui se croisent et qu'on attache au bout d'une perche; on le tend sur le fond, et quand on aperçoit quelques poissons dessus, on le relève promptement. — Sorte de filet ou nappe pour prendre les ables et autres menus poissons. Pêche au carrelet appelé calen ou venturon; manière dont se fait cette pêche; celle qui se pratique à Abbeville et à Calais.

**CASTRATION** du poisson. Opération aisée à faire, par laquelle on prétend que sa chair devient plus délicate et de meilleur goût.

**CAVIAR** ou **CAVIAT**, œufs d'esturgeon qu'on sale, et qu'on prépare en Russie.

**CAZIER**, nasse avec laquelle on prend dans le quartier de Saint-Malo, des poissons à croûte.

**CHABOT**, *Cottus, Gobio*. L'hiver est la saison la plus favorable pour prendre ce petit poisson : on le pêche à la ligne, à la nasse et à la fouane, quand l'eau est transparente et peu profonde.

**CHAPERON**, espèce de filet à chausse, en Auvergne, avec lequel on prend toutes sortes de poissons; rapport de ce filet avec la savenelle; son usage et sa description. C'est aussi une couverture de paille qu'on met sur les paniers de poisson.

**CHASSE-MARÉE**. Marchands qui transportent promptement la marée aux endroits où s'en fait la vente.

**CHATOUILLE**, petite lamproie qu'on emploie pour appât.

**CHAUDIÈRE** ou **CAUDRETTE**, espèce de truble: son usage à Saint-Valrey-en-Caux; description de cet instrument.

**CHAUSSÉE** d'un étang, est une levée ou une digue

qu'on fait avec beaucoup de soin pour retenir l'eau ; il y a au milieu une bonde pour le vider.

CLAVEAU, nom que les Bas-Bretons donnent aux hains.

CLINCART, terme adopté à Saint-Valery, à un bâtiment employé à la pêche du hareng.

COIFFE, filet à grandes mailles et évasé, qu'on met à l'embouchure d'un filet en manche, pour déterminer le poisson à y entrer.

COLLERET (de la pêche au) dans les étangs, ou aux bords de la mer et entre les rochers. Instruction pour faire usage de ce filet : figure que les pêcheurs font décrire à la traînée du filet, ce qu'ils nomment trait. Collerets traînés par des chevaux ; quand se fait cette pêche. Pêche à la seine avec des virevaux ou treuils ; pêche à la seine dont un bras est amarré à terre. Observation sur la pêche à la seine. — Colleret ou petite seine que des hommes traînent au bord de la mer ou des étangs, ou par le travers des petites rivières.

COQUILLAGES qui s'attachent aux rochers. Couteau dont on se sert pour les détacher. — Vers de mer, lançons et autres poissons qu'on pêche avec un crochet qu'on traîne. Cette pêche fatigue beaucoup. Les coquillages, suivant d'Argenville, se divisent en coquilles de mer, d'eau douce et de terre.

CORBEILLE d'osier revêtue de cuir de cheval,

dont les Anglais se servent assez adroitement pour la pêche.

CORDES. Pêcher aux cordes est pêcher avec une longue corde, à laquelle on attache de distance en distance des lignes ou empiles garnies de hains : c'est ce que dans la Méditerranée on appelle palangre. Lorsqu'elles sont chargées de plomb ou de cailloux, on dit cordes par fond; quand elles sont soutenues par des flottes de liége, on dit cordes flottantes : la principale corde s'appelle maîtresse corde ou bauffe dans l'Océan ; dans la Méditerranée, maître de salangre. Les pêches aux grosses cordes diffèrent de celles aux lignes, parce que les cordes sont plus grosses, et ordinairement plus longues.

CORMORAN, oiseau qu'on dresse à la pêche, pour s'approprier le poisson qu'il prend. — Pêche que l'on fit à Fontainebleau avec cet oiseau.

CORPON, cinquième chambre qui est à la tête de la madrague, où se prennent les thons.

COUFFE DE PALANGRE. On nomme ainsi en Provence un panier fait avec de l'auffe et rempli de pierres, au bord duquel on attache des piles qui portent des hains, et qu'on descend au fond de la mer. On le retire au moyen d'une ligne qui y est attachée.

COULETTE, sorte de truble dont la monture est

comme celle d'une raquette : on s'en sert dans la Garonne pour prendre plusieurs sortes de poissons. C'est un grand lanet.

COURANTILLE, filet à prendre des thons, qu'on abandonne à lui-même, et qui dérive au gré du courant.

CROCHET, instrument de fer ajusté au bout d'une perche pour en détacher les coquillages des rochers, et qu'on traîne sur le sable pour découvrir le poisson enfoui.

CRUSTACÉES, poissons couverts d'une croûte dure, tels que les crabes, les homards, les écrevisses, etc.

CUL-DE-LAMPE d'un étang, enceinte qu'on forme derrière la bonde d'un étang, au moyen d'une chaussée, pour retenir l'eau et empêcher qu'elle ne se perde.

DARD ou VAUDOISE, *Piscis jacutus*.

DÉCHARGEOIR, endroit par où on fait échapper l'eau d'un étang, quand il est trop plein.

DÉGORGER, faire perdre aux carpes ou autres poissons leur goût de vase, en les tenant quelques jours dans l'eau vive.

DEMI-FOLLE, filet qui ne diffère des folles que par l'étendue et la grandeur des mailles.

DEMOISELLE, joli petit poisson de couleur de rose, guère plus long que le doigt, et assez menu. Ces poissons vont par troupes et courent après ceux qui se baignent; Rondelet dit en avoir été très-incommodé à Antibes. Ceux qu'on prend autour des rochers, sont meilleurs que ceux qu'on prend près de la côte.

DIGON, morceau de fer barbelé ou terminé par un demi-Dard, ajusté au bout d'une perche, et dont on se sert pour piquer et prendre le poisson.

DOIGT. Pêcher au doigt, quand on tient la ligne à la main sans canne; ce qui doit s'appeler pêcher à la ligne.

DOMICILIÉS. On nomme ainsi les poissons qui se trouvent toute l'année sur les mêmes côtes, tels que les soles, les limandes, etc.

DORADE, ainsi appelée à cause d'une raie couleur d'or qui s'étend de la tête à la queue. La dorade est un des plus beaux et des meilleurs poissons de la mer. Les voyageurs disent que sa peau est douce au toucher, et que les plus riches couleurs, l'or, l'azur, le vert le plus brillant, y sont prodiguées. On prend des dorades en pleine mer, en couvrant d'un peu de toile blanche un hameçon auquel on attache deux plumes de poule en croix, et qu'on laisse traîner à l'arrière du vaisseau. On pêche sur les côtes et ailleurs une autre espèce de dorade; mais elle n'est pas d'un goût si exquis que celle de l'Amérique.

DORÉE (la ), poisson qui habite l'Océan et la Méditerranée, a depuis un pied jusqu'à 16 pouces; sa chair est de bon suc et de facile digestion. La pêche en était aussi lucrative chez les anciens qu'elle l'est encore chez les modernes.

DORMANT. Les pêcheurs disent qu'ils pêchent avec des lignes dormantes, quand ils en mettent un nombre au bord de l'eau, et qu'ils vont de temps en temps voir s'il y a du poisson de pris. Les pêcheurs de l'embouchure de la Seine appellent rets dormants, des rets tendus comme les folles.

DRAGUE, espèce de filet à manche dont on use pour les pêches qui se font à la traîne; les unes sont traînées à pied et à bras; d'autres le sont par un ou deux bateaux. La drague a cinq brasses de longueur, sur quatre d'embouchure : ses mailles ont un pouce et demi en carré. On y prend des raies, des soles, des merlans, des turbots. A Olonne, on se sert de dragues de deux brasses. Cette pêche se fait ordinairement à deux ou trois lieues au large de la mer, hors des fonds des roches. — Drague aux huîtres, appelée grage en Basse-Normandie.

DREIGE, pêche considérable qu'on fait dans l'Océan, avec un grand tramail, qu'on traîne avec un bateau appelé nerf, et un ajustement que la marée porte au loin, pour traîner un des bouts du filet : on le nomme beausset.

DROUILLET, petit filet monté sur des perches,

qu'on présente à l'opposite du cours de la marée, pour prendre des petits poissons, particulièrement le haranguet, fort différent du hareng.

DUNES, montagnes de sables formées par le flux et le reflux de la mer, et qui la bordent.

ÉCREVISSE DE RIVIÈRE, *Astacus fluvialis.* — LE HOMARD, *Astacus gammaris,* écrevisse de mer. Horreur de ces poissons pour les porcs, dont la présence, dit-on, les fait mourir. On estime dans la médecine les yeux d'écrevisse, sorte de pierres qui se trouvent dans leur estomac. Le homard est une grosse écrevisse de mer, qui a deux mordans plus longs et plus larges que la main, et plus forts que ceux des crabes. Les écrevisses de rivière sont beaucoup plus petites que les écrevisses de mer; mais le suc qu'on en retire a bien plus de délicatesse. On dit celles de l'Amérique et du Sénégal, de la Côte-d'Or, très-estimées; mais on prétend que celles des Moluques font périr les personnes. La pêche de ce poisson se fait avec la main, ou avec un chat, un lièvre pourri ou de la morue salée, qu'on lie au milieu d'un fagot épineux et qu'on place au fond de l'eau; le sel est fort de leur goût; on retire le lendemain cet appât, ayant la précaution de mettre par-dessous un panier pour recevoir les écrevisses qui ne manqueraient pas de se laisser couler au fond de l'eau. — Pêche des écrevisses sous la glace.

EMBALLAGE DU POISSON. Soin particulier que

l'on prend pour l'emballer dans des paniers, quand on veut le transporter. Il y en a de petits, qu'on nomme cloyères. Enfin, on enveloppe quelquefois de beaux poissons simplement dans de la paille ; ce qu'on appelle torquette ou torchette. On couvre les paniers avec de la paille longue, qu'on nomme glu, et on en forme ce qu'on appelle le chaperon.

EMBECQUER, c'est mettre un appât friand à la pointe d'un hain.

EMPILER LES HAINS, c'est les attacher à une empile ; et comme il y a des hains de différentes formes et grandeurs, on a aussi des empiles grosses et menues, de simples et de doubles, de rondes et de cadenettées. Il y en a de métal et de crin.

EMPILES, lignes déliées, ordinairement doubles, auxquelles on attache un hain, et qui s'attachent aux lignes ou cannes. On les appelle dans la Méditerranée bresseaux.

ENSABLER, c'est tendre sur un fond de sable des filets, au pied desquels on ne met point de lest.

ENTREBOQUE, première chambre des bourdigues, du côté de l'entrée.

ÉPERLAN, *Eperlanus*. Odeur agréable que répand l'éperlan, comparée à celle de la violette ; ses couleurs semblables à celles de l'arc-en-ciel ; se pêche à la nasse, aux grands filets. Manières de l'assaisonner. Nasses pour prendre les éperlans. L'éperlan habite la mer, remonte quelquefois les rivières, principalement la Seine : sa chair est de facile digestion et d'un goût exquis, mais peu nourrissante. Les meilleurs sont ceux qu'on pêche aux environs de Caudebec, depuis la fin de l'été jusqu'à Pâques, et qu'on envoie à Paris arrangés dans de petits paniers.

**ÉPERVIER**, filet en forme de cloche, dont les bords sont plombés ; il y a une ligne ou corde à la pointe du cône ; et quand on voit du poisson au fond de l'eau, on jette ce filet étendu, et on le couvre. On le nomme furet, risseau ; sa description. Instruction sur la pêche à l'épervier. Manière de le jeter à l'eau ; lieu convenable ; comment il faut le relever. Usage des petits éperviers appelés risseaux.

**ESPARDOT**, morceau de fer ajusté au bout d'un bâton, et qui forme un crochet ; il sert à prendre au fond des écluses, dans les endroits où il reste de l'eau, les poissons qui y sont restés. Cette pêche se fait ordinairement au flambeau.

**ESPÈRE.** On appelle en Provence tendre à l'espère, quand on tend des filets dans l'attente du poisson qui y donnera.

**ESPION**, filet qu'ailleurs on nomme surdinal.

**ESSAUGE**, filet approchant de la seine au milieu duquel il y a un sac de filet ; il est composé de deux ailes, d'un manche qui est au milieu. Après avoir fait parcourir au filet une grande enceinte, on le tire à terre pour prendre le poisson.

**ESTURGEON**, en latin *Acipenser seu Sturio.* — **LE GRAND ESTURGEON**, la colle de Poisson. Description de l'esturgeon; longueur de celui présenté à François 1er; frugalité de ce poisson; durée de sa pêche; elle se fait au filet; on le nomme conducteur des saumons. Diverses manières de l'accommoder. L'esturgeon ordinaire, dont on fait tant de cas, a le corps long, mais d'une forme pentagone; il se nourrit d'insectes de mer. La pêche de l'esturgeon se fait en été sur les bords de la Garonne, au filet; quand les pêcheurs sentent qu'il y en a quelques-uns de pris, ils les retirent, et les attachent à des bateaux, en leur passant des cordes qui traversent leur gueule et leurs ouïes : on a aussi la précaution d'attacher leur queue, à cause de la force extraordinaire de ce poisson.

ÉTAMER, c'est ouvrir les hains d'étain, pour empêcher qu'ils ne se rouillent.

FAILLE, filet d'usage en Provence.

FER A CROC. Les Provençaux nomment ainsi un hain.

FEU (pêcher au feu). Cette pêche se fait avec des lumières pendant la nuit : les poissons viennent à la lumière, et les pêcheurs profitant de cette inclination du poisson, le prennent ou avec des fouanes ou avec des filets. Outre cela, il se fait encore une pêche au feu avec des filets; telle est l'enceza d'Alicante, et le brégin au feu de Provence.

FEUILLE, petit poisson d'étang, plus petit que l'alevin, est grand comme une feuille de saule.

FICHURE, pêche à la fouane ou au harpon.

**FILADIÈRE**, bateau de la Garonne, qui n'a qu'un mât, une voile carrée, deux latines, une d'étai, qui se borde sur le beaupré.

**FILET**, réseau fait avec du fil, dont les mailles doivent être plus ou moins grandes, selon l'espèce de poisson qu'on se propose de prendre. On les tend au bord de la mer sur des piquets ou balots; on en tend aussi en pleine eau, qui sont pierrés et flottés. Ce qu'on nomme grand filet, est une seine dont on se sert dans plusieurs rivières qu'on barre entièrement.

**FITORA**, terme catalan, qui signifie un harpon où choir, et sur les côtes de l'état ecclésiastique, *foscina*, ce que nous appelons harpon.

**FLAMMÈQUE**, filet dont se servent les pêcheurs de Caux pour prendre du hareng hors le temps permis.

**FLÈCHE** ou sagette, dont on peut se servir pour tuer quelques poissons à coups de fusil. (*Voy, Brochet.*)

**FLOTTANT.** Les pêcheurs disent qu'ils pêchent à corde flottante ou à filets flottants, quand ils attachent auprès du hain un morceau de liége qui les fait flotter près de la surface de l'eau. On fait quelquefois flotter la corde avec des vessies pleines d'air.

**FLOTTES.** Ce sont des morceaux de liége ou de bois léger, qu'on ajuste aux cordes ou à la tête des filets, quand on ne veut pas qu'ils portent sur le fond. Ailleurs, on les nomme flotterons.

**FOLLES**, filet à larges mailles, qu'on tend de façon

qu'il fasse des plis, tant dans le sens vertical que dans le sens horizontal : il est lesté et légèrement flotté ; on le tend toujours par fond. Il sert à prendre des poissons plats, particulièrement des raies : on tend les folles en ravoir. (*Voy.* ce mot.) Les demi-folles diffèrent des folles par les mailles, qui sont moins ouvertes; elles servent à prendre des soles, des carrelets et autres poissons. On nomme quelquefois ces filets, grandes tières, bretellières, folles tramaillées.

FOND, nature du sol sous l'eau : c'est dans ce sens qu'on dit : fond de roche, de sable, de galet, de vase, de paillettes, etc.

FOSCINA, harpon ainsi nommé à Raguse.

FOUANE, instrument propre à percer les poissons, pour les prendre. Il y en a de bien des formes ; les unes sont une broche terminée par un dard, d'autres une lance barbelée; d'autres sont formées de deux, de trois, ou d'un plus grand nombre de lames : quelquefois ce n'est qu'une fourche ; on en perce les poissons qu'on aperçoit au fond de l'eau, ou on les enfonce dans la vase aux endroits où l'on juge qu'il y a des poissons.

FOUE. Les pêcheurs d'Oleron nomment ainsi une manche de filet qu'ils mettent au fond del eur courtine.

FOUGUE, fourche de fer à deux ou à trois fourchons, avec laquelle on darde les poissons qui sont restés aux endroits qui n'assèchent pas de basse-mer.

FOURCHE, espèce de fouane à deux fourchons, emmanchée de bois, comme celles dont on se sert pour charger le fumier.

FOURQUETTE. Les Provençaux nomment ainsi une croix de fer ou de cuivre, qui porte des lignes et des hains, et qui est attachée à une longue corde pour la descendre au fond de la mer, et la retirer quelque temps après. On nomme aussi fourquette ou fourchette une petite fourche de bois, à laquelle on entrelace la ligne des bricolles, pour que le poisson qui a mordu à l'hameçon ne rompe pas la ligne.

FRAI. On appelle ainsi les œufs de toutes sortes de poissons. Le poisson n'est pas bon quand il fraie, c'est-à-dire quand il dépose ses œufs.

GARDON. Le gardon est un poisson de rivière ; pourquoi ainsi appelé. Sentiment de M. Deleuze sur cet individu. Sa vivacité passée en proverbe. Quand on parle d'un homme qui est en bonne santé, on dit qu'il est frais et vif comme un gardon. Sa chair est blanche et délicate.

GARENNE A POISSON, espèce de réservoir qu'on fait dans les rivières ou étangs dont l'eau est profonde et le lit uni ; elle se place au milieu de l'eau et sur le bord. L'endroit où elle est établie doit avoir vingt-cinq à trente pieds en carré, afin qu'on puisse y étendre en rond un tramail. L'enceinte marquée, on prend vingt-cinq à trente fagots de branchages tortus et longs de six à sept pieds, de la grosseur du corps et liés par les deux extrémités; on en met un certain nombre en rangs dans le fond de l'eau, les éloignant les uns des autres d'environ un pied, on en place d'autres en travers sur les premiers, jusqu'à ce que ce tas de fagots monte à demi-pied de la surface de l'eau. On charge ensuite de pierres cette fascine pour la tenir en état, et on l'appuie de pieux de bois ferrés par un bout. Pour pêcher cette garenne, on la cerne avec un tramail, qu'on place à deux pieds de distance et on fouille ensuite avec la perche pour en faire sortir le poisson.

GLINE, panier couvert dans lequel les pêcheurs mettent le poisson qu'ils ont pris.

GOMBIN, nasses cylindriques qui ont deux goulets, et que les Provençeaux nomment lances.

GORDS, pêche qui s'établit dans le lit des rivières et au bord de la mer; ce sont de grands entonnoirs qu'on forme avec des filets ou des pieux qui se touchent les uns les autres; et dont la pointe aboutit à l'entrée d'un verveux ou d'un guideau, pour y conduire le poisson.

GOUJON BLANC, *Gobius Jozo*, Linn. — GOUJON DE MER. — GOUJON DE RIVIERE. Diverses espèces de goujons. Sentiment d'Artedi sur les œufs des femelles; ce poisson ne mord point à l'hameçon; saison de le pêcher soit à la nasse, soit au filet. Goujon de mer, lieu où on le pêche. Ce poisson se trouve dans la plupart des rivières ; il est si petit qu'il en faut douze pour faire une livre. On le pêche aussi avec les verveux.

GOULET, espèce d'entonnoir qu'on met à l'entrée des verveux, pour que le poisson y entre librement et n'en puisse pas sortir. En Provence, on lui donne le nom de goulume.

GOULU DE MER, poisson antropophage du Cap-de-Bonne-Espérance. Les voyageurs disent que ce poisson peut avaler un homme tout entier ; il a quelquefois seize pieds de long et trois rangs de dents crochues à chaque mâchoire. Dès que les vaisseaux s'approchent de la ligne et que les matelots aperçoivent ce destructeur, ils prennent un gros croc de fer, attaché à une forte chaîne, dont l'extrémité est liée à une corde d'une longueur considérable ; l'hameçon est amorcé avec une grosse pièce de bœuf : ils le jetent ; le goulu amorcé suit cet appât, et, s'élançant dessus tout d'un coup, il l'engloutit avec beaucoup d'avidité. Quelques matelots le tirent à bord, tandis que d'autres sont tout prêts avec des haches pour le tuer, au moment qu'il arrive sur le tillac.

GOURDE (pêcher à la), ou calebasses vides.

GRAVEL-LAST-SPRING. On croit que ce poisson est du genre de la truite et du saumon. Description de ce petit poisson, suivant Walton; on le prend à la ligne amorcée avec des fourmis ailées.

GRENADIÈRE, diffère peu du bouteux.

GRENADIERS, grands bouteux qui servent à prendre des chevrettes, que les Flamands nomment grenadés. On appelle aussi grenadière une petite seine qui sert au même usage.

GRENOUILLES, lat. *Rana*, de différentes espèces. Les grenouilles attirées par un morceau de drap noir. Elles sont un excellent appât pour le brochet. Il y a différentes espèces de grenouilles. Grenouilles aquatiques : de quoi elles se nourrissent. Quand font-elles entendre leur musique. Elles sont un appât pour l'hameçon. Secret pour les attirer. On les pêche au feu ; quel temps est le meilleur pour cette pêche.

GRILLAGE, barreaux de bois ou de fer, qu'on met aux endroits par où l'eau arrive et sort d'un étang, pour empêcher que le poisson en sorte.

GUELDRE, GUIDILLE, GUILDIVE, GUILD, appât qu'on fait avec du poisson du premier âge, des petites chevrettes, ou de la chair de quelques poissons cuits.

GUIDEAUX, filet en manche, dont l'embouchure, qui est large, se présente à un courant qui le traverse.

On tend ces gaideaux en traîne contre un courant;

il y en a de plusieurs grandeurs, qui s'établissent de différentes manières. Guideaux simples, leur forme, leur description. En quelle saison on les tend. Leur tente à hauts étaliers. Soins des pêcheurs à mettre l'ouverture du côté de la terre. Cette pêche est considérable. — Tente des guideaux à bas étaliers. Guideaux perfectionnés.

HABILLER, se dit du poisson qu'on apprête pour le saler, en lui ôtant la guigne et les ouïes.

HAIN ou HAIM. C'est un crochet fait ordinairement de métal, avec lequel on saisit le poisson. Il y en a de petits, d'autres grands : les uns n'ont qu'un crochet, d'autres en ont deux. On en fait avec des épines et mêmes avec des os. — Manière de l'attacher au bout de la ligne. Façon dont Walton l'amorce. Hameçons d'acier et lignes vertes, fortes et grosses pour prendre la carpe.

HAMAUX, nappe de tramaux à larges mailles.

HAMEÇON, hain garni d'appât; on le prend souvent pour le crochet qui arrête le poisson.

HARANGUIERE, palis pour prendre des harengs.

HARENG. Le hareng est un petit poisson de passage; comment appelé; où il habite; quels sont ses ennemis. Ils marchent par troupe et en ordre de bataille; route qu'ils tiennent; sa pêche aux cordes, aux filets dans la Manche; comment se fait celle qui se pratique à Fécamp; son assaisonnement. Ce poisson se pêche encore aux manets.

HARPON, espèce de dard mis au bout d'un manche de bois, qui se lance sur le poisson, comme on lançait autrefois le javelot, et au moyen d'une ligne déliée, on suit le poisson qui a été piqué.

HARPONNAGE, en Provence fichure, est la pêche avec la fouanne ou le harpon.

HARPONNER, c'est lancer le harpon sur un poisson: c'est ainsi qu'on prend les baleines, les marsouins.

HARVIAU, anse de corde qui sert à attacher le grand filet en chausse, qu'on emploie pour les pêcheries établies aux arches des ponts sur les grandes rivières.

HAVENEAU ou HAVENET, filet tendu sur deux perches qui se croisent comme une paire de ciseaux: on ne le pousse point devant soi, mais on le présente au courant. On pêche avec ce filet à pied et dans des petits bateaux. Les petits haveneaux de Vannes diffèrent peu des bouteux de Normandie. — Du grand haveneau sédentaire; son usage dans l'eau. Comment le pêcheur le jette à l'eau. Pêche au haveneau; un seul homme peut le faire sur la filadière. Quand commence la pêche des mulets sur la Garonne. On croit assez généralement que les Hollandais ont commencé cette pêche vers le douzième siècle. D'après un aperçu approximatif, elle a pu leur rapporter annuellement 30 à 40 millions de florins. Les Français pêchent ce poisson dans la Manche;

ils y emploient tous les bâtiments qui sont d'usage sur la côte pendant toute l'année, tant pour les pêches aux cordes qu'aux filets. On prend aussi accidentellement des harengs dans les étentes, les paros, et autres filets qu'on tend à la basse eau.

**HAIE**, tournoiement d'eau qui se forme dans les courants : on en occasionne quelquefois pour y placer des verveux.

**HERSE** (pêche à la), sur le sable ; en quelle saison elle se fait.

**HOUX-FRÉLON**. C'est le *ruscus myrtifolius aculeatus*, plante que les Normands nomment vergaudier, dont on se sert pour faire les avalettes pour la pêche appelée la balle.

**HOYE**, poisson qui a été meurtri et fatigué dans le filet, ou attaqué par des poissons voraces ; il se corrompt aisément ; il faut le consommer sur les lieux de la pêche.

**HUCHES**, grandes caisses de bois qu'on établit dans l'eau et qui ferment à clef : on y dépose le poisson qu'on doit prendre journellement pour la table.

**HUITRE**, genre de coquillage marin bivalve, connu de tout le monde. On distingue dans les ports deux sortes d'huîtres : les fécondes, et celles qui ne le sont pas : une petite frange noire, qui entoure les premières, est la marque de leur bon goût. Les meilleures huîtres sont les plus fraîches ; doivent être d'une gran deur médiocre, tendres, humides et délicates : celles qu'on prend à l'embouchure des rivières sont les plus estimées; car elles aiment l'eau douce, et s'y engraissent extraordinairement.

Comme il y a une police pour la pêche des huîtres, c'est au mois de mai qu'il est permis de s'y exercer. La fécondité de l'huître est prodigieuse; il ne faut que vingt-quatre heures à un œuf pour se revêtir de ses coquilles. On estime particulièrement les huîtres vertes, qui prennent cette couleur dans des fossés où elles restent environ six semaines.

JARRETIÈRE, lien de charpente qui contient les jumelles des bondes. C'est sur ces jarretières qu'on cloue les planches percées qui forment la cage d'un étang.

JETS de Picardie, sont des demi-folles tendues en ravoir. On fait quelquefois du bruit pour engager le poisson à donner dans le filet.

JONCHÈRES, touffes de joncs qui se forment dans les étangs, et deviennent quelquefois des îles flottantes.

LACEUR, synonyme de mailleur, ouvrier qui fait des filets.

LAGUILLIÈRES, rets en usage à Marseille, faits avec du fil de lin fort fin double, de quinze mailles au pan, et de deux cents brasses de long sur six de large.

LAITANCES de carpes fricassées.

**LAMPRESSE**, nappe de filet dont les mailles n'ont qu'un pouce et demi d'ouverture. Elle est du genre demi-folles.

**LAMPROIE**, de trois espèces : 1o *Petromyzon marinus* ; 2o Lamproie surnommée *brouchiale* ; manière de vivre de la Lamproie ; les vieillards ne doivent pas en manger ; sa pêche se fait avec des nasses ; celles dont les Nantais se servent.

**LANE**, étendue de rivière où on laisse dériver les filets avec lesquels on prend les saumons et les aloses : ce mot est en usage dans la Dordogne.

**LANET**, petite truble dont on se sert pour prendre des chevrettes dans les algues. Elle est ordinairement montée comme une raquette, et son manche est souvent fort court.

**LANGOUSTES**, diffèrent du homard ; on les pêche comme le homard. Les langoustes sont communes dans la Méditerranée ; elles vivent dans les lieux pierreux et cherchent l'embouchure des rivières.

**LANGOUSTIER**, filet à mailles très-larges, qui sert à prendre des langoustes.

**LANNES.** On appelle ainsi dans l'Océan les lignes fines qui partent de la maîtresse-corde. Quelques-uns les appellent femelles.

**LARDE**, poisson qui se pêche au Hâvre et qui ressemble à l'ombre d'Auvergne.

LARGE. Aller au large, se porter au large, c'est s'éloigner de la côte vers la grande mer.

LECHES (voyez achées).

LESQUE, filet semblable aux cibaudières ou folles.

LEST, poids dont on charge le pied du filet pour le faire caler; on le fait ordinairement de plomb ou de cailloux, ou de grosses pierres qu'on nomme câblières.

LEURRE, appâts factices qu'on met aux hains pour attirer le poisson; c'est quelquefois une espèce de poisson fait avec de l'étain fondu; d'autres fois un morceau de liége couvert d'une peau de poisson, des chenilles, des papillons, etc., imités avec différentes substances; ou des petites anguilles d'étain pour prendre des vives avec la fouane.

LIBOURET, pêche qui se fait avec une ligne qu'on enfile dans un trou qui est au bout d'un morceau de bois, qui, à son autre extrémité, porte plusieurs piles garnies de hains: cette ligne est terminée par un poids. Le morceau de bois du libouret se nomme avalette.

LIGNE. Les marins emploient ce mot en sens différents. C'est ordinairement une corde menue qui sert à porter un poids pour connaître la profondeur de l'eau, et alors on l'appelle ligne de sonde; ligne de loch, celle qu'on attache à un petit instrument de ce nom, pour connaître la vitesse du sillage; ligne d'amarrage, qui sert à attacher différents corps ; ligne de pêche, fine ou simple, celle qu'on fait avec de la soie ou du crin, à l'extrémité de laquelle on attache un hain amorcé, et qu'on tient à la main pour tirer à bord le poisson qui a mordu ; on pêche de cette façon des morues, des cabillauds, des thons et beaucoup d'autres poissons ; lignes dormantes et par fond, celles qui sont garnies dans leur longueur d'empiles de hains et de lest, qu'on tend au fond de la mer avec des petits bateaux ; il y en a qui ont beaucoup d'étendue ; lignes sédentaires et flottantes, qui sont attachées à des corps fixes, ou dont les hains sont attachés à des corps flottans. Enfin, on appelle ligne d'eau en charge, celle que trace la superficie de l'eau sur le pourtour du bâtiment lorsqu'il a sa charge.

LIGNE de pêche fine, ainsi appelée, est celle qu'on fait avec de la soie ou du crin et qu'on attache à l'extrémité de la canne ou perche.

M. Clavaux, connu pour les instruments de chasse et de pêche, a trouvé le moyen de faire des lignes de crin sans nœuds. On fait aussi des lignes avec du fil de pite ou d'aloès. Teinture que Walton leur donne. De quoi se fait l'instrument principal de cette pêche. Saison qui lui est propre ; quand les pêcheurs l'abandonnent. Pêche à la ligne, diverse ; choix du lieu pour la pêche. Table dont on se sert pour tirer le poisson hors de l'eau ; précaution que les pêcheurs doivent prendre quand il a mordu. (Voyez Tourniquet.) On peut se servir d'une truble. Manière de pêcher en se promenant. Lignes dormantes. Pêche au bord des étangs et de la mer, entre les rochers; pêche à la perche dans des bateaux. Pêches des sardines.

LIGNES sédentaires dans les rivières, les étangs et à la mer. — Bricoles. Leur nombre et l'heure de les tendre.

LIGNES simples et dormantes attachées à la circonférence d'un cercle; attachées à un plomb. Pêche à l'eau douce et à une petite distance de la côte, en mer. Moyen de prendre les anguilles et autres poissons aux hameçons dormants. Pêche du chabot. De la ligne courante pour la truite. Pêche particulière de la truite, par Walton, pour milord ***.

LIGNETTE, petite ligne menue et fort déliée, qui sert la pêche à la corne.

LIEU. Le nom de ce poisson varie selon les endroits qu'il habite; mais on le croit de la famille des morues. Il n'est pas de passage; on en prend toute l'année, de toutes les grandeurs, sur les côtes de Bretagne. Il n'y a pas de pêche particulière pour ce poisson, mais plutôt accidentelle, car on en prend, pour ainsi dire, avec toutes sortes d'instruments.

LIMANDE, poisson de mer, plat, peu large. On en pêche beaucoup sur les côtes de Bretagne, soit à la ligne, soit aux filets.

LINGUE, ou GRANDE MORUE BARBUE, ou LONGUE. Les sentiments sont partagés sur la qualité de sa chair; les uns la trouvent plus délicate que celle du cabillaud, soit qu'on la mange fraîche ou séchée; d'autres, Anderson du nombre, prétendent que c'est avec ce poisson qu'on fait dans le nord le meilleur *rondfish* et le meilleur *klippfish*. On prend ce poisson au débouché de la Manche, au nord de l'Angleterre, etc., depuis le mois de février jusqu'en mai, pêle-mêle avec les cabillauds et les aigrefins. Ce poisson, naturellement vorace, se jette sur les hains amorcés de hareng, de sardine, etc.; mais on en trouve dans les filets sédentaires et de fond, tels que les folles, tramaux, etc., dans les grandes seines.

LOCHE, *Cobitis tœnia*, Linn. Lieu où elle se trouve; on la pêche avec des filets à très-petites mailles; sa vivacité et délicatesse de sa chair. On en distingue de plusieurs espèces: la loche d'étang, de rivière et de mer. On en pêche une grande quantité de celles des rivières; leur chair, quoique gluante, est plus tendre et plus saine que celles des autres. Ce délicieux poisson se prend à la ligne et aux filets; on met pour appâts des grillons, des vers, des grains de raisin.

LOTE, poisson à nageoires molles et épineuses, qui se trouve dans les lacs et les rivières de France, particulièrement dans l'Isère et la Saône. La longueur ordinaire de la tête est d'un pied; sa chair est bonne et délicate; mais on ne mange point ses œufs, ni ceux du brochet et du barbeau, parce qu'ils purgent avec violence.

LOTIER, pêcheur qui, au moyen de sa part de filet qu'il fournit pour la pêche, jouit du plein lot.

LOUP, filet qu'on tend à la rade de Nantes, en pleine eau, sur trois piquets ou perches; l'une, qui est sédentaire, se nomme perche de terre, une autre perche de rade et la troisième perche du milieu.

LOUTRE. Naturel de cet animal, selon M. de Buffon, Sa peau est très-estimée pour faire des fourrures. — Dansla ci-devant abbaye de Sorgue, près Bayonne, un religieux avait dressé une loutre à la pêche, de telle sorte qu'il lui ordonnait d'aller lui prendre du poisson, et elle lui en apportait toutes les fois qu'il le lui commandait.

LOUVE, verveux qui ont plusieurs ouvertures à chaque bout; ceux qui sont garnis d'ailes sont appelés rafles. Manière de tendre ces verveux.

MANET, filet en nappe simple, dont les mailles sont proportionnées à la grosseur des poissons qu'on se propose de prendre. Les manets se tendent en ravoir: on en tend en pleine eau, pierrés et flottés.

MANIOLLE, grande truble dont on se sert dans l'Adour, près Bayonne; dans un petit bateau, pour prendre des petits poissons; on s'en sert aussi au port de Brest pour prendre des merlans bâtards.

MAQUEREAU, *Scombrus*, *Scomber*.

Le maquereau est un poisson de mer fort recherché;

il va par troupe, suit les aloses; temps où il paraît sur nos côtes. Sa pêche de nuit est plus abondante que celle de jour; les temps orageux sont les plus favorables; cette pêche se fait avec les hains, les filets et les manets; leur assaisonnement. Sa chair est grasse, compacte, sans arrête, de bon suc et nourrissante. Il est de l'espèce de ceux qui font annuellement la grande route, pour s'offrir aux filets de la plupart des peuples de l'Europe; voyage dans un temps marqué; c'est en mai qu'il paraît sur les côtes de France et d'Angleterre, passe en juin devant la Hollande. La pêche s'en fait en avril, mai, juin et juillet, presque toujours du côté de Roscoff, en Basse-Bretagne. On se sert pour cela de deux sortes de bateaux ou barques; les uns betirs et les autres sans pont. Les pêcheurs vont à 6 ou 7 lieues de l'île de Bas, où ils tendent leurs filets.

**MARÉE.** On appelle ainsi les poissons de mer. Les plus chers et les plus délicats se nomment grande marée; les plus communs petite marée.

**MAREYEUR**, marchand de marée. Comme ils l'achetent des pêcheurs pour la transporter en différents endroits, on les nomme chasse-marée.

**MAIRSAQUE**, palis pour prendre les maquereaux.

**MATTE DE THONS**, en Provence, un banc de thons.

**MERLANS**, *gadus Merlangus*. C'est un poisson de l'Océan qui vient dans la Manche; excellence de sa chair pour tous les tempéraments, même pour les malades. Le merlan donne tête baissée dans les filets;

on sale ce poisson ; sa pêche se fait avec la ligne, le filet et autres instruments. Saison où il mord à toutes sortes d'appât. Lieux où il se tient ; supporte le transport. Différentes manières de les accommoder. On prend des merlans presque toute l'année ; c'est à Dunkerque un des principaux objets de pêche pendant les mois de décembre, janvier et février, avec des filets. Les Dieppois la font avec leurs petites cordes ; aux environs du Hâvre, avec le libouret ou la balle ; sur les côtes de Caen avec des apels ou apelets, qu'on lève toutes les 2 ou 3 heures. On a remarqué que quand il fait un peu de gelée blanche, le merlan mord plus volontiers à l'hameçon qu'on amorce avec des vers. Le reste de l'année on le pêche plus avec des draiges qu'avec les hains.

MERLUCHE, poisson de la famille des morues. Sa chair est fort tendre et de très-bon goût, surtout quand on le prend sur les fonds de roche et de gravier. Quoiqu'on prenne des merluches toute l'année, elles sont néanmoins plus abondantes et meilleures, depuis la mi-avril jusqu'au mois de juillet ; elles mordent aux hameçons amorcés avec des sardines, des lançons et d'autres petits poissons. La plus grande pêche de merluche se fait en Bretagne ; on y emploie de grands bateaux, pendant la nuit, à 3 ou 4 lieues au large, les uns avec les hains, les autres avec des trameaux.

MÉRON, poisson qu'on pourrait regarder comme

une perche, se pêche auprès de Bayonne à la ligne et au filet. Il y a de ces poissons qui ont plus de 23 pouces de longueur sur 7 pouces et demi de largeur; il passe pour un des meilleurs poissons de cette côte.

MESLIS, mélange de toutes sortes de poissons du premier âge. Aillieurs on l'appelle nonnat.

MEUNIER ou chèvanne, *Cyprinus cephalus* Meunier de mer, *Prea philard lphiea, Linn.* Pourqoi appelé meunier.

MIROIR (de la pêche au), quand et comment cette pêche se fait. Truble dont les Provençaux se servent pour saisir les sèches. Les Chinois, au lieu de miroir, se servent d'une planche blanchie et couverte d'un vernis poli.

MORNELLES, pêche des Espagnols, dans un batelet avec des nasses.

MORUE, poisson de mer, de 3 ou 4 pieds de longueur et 9 ou 10 doigts de largeur. La pêche de la morue est un des grands objets de commerce. Pluche dit qu'on en trouve pas beaucoup dans nos mers; leur rendez-vous général est au grand banc de Terre-Neuve, vers le Canada; c'est-là que les morues tiennent, pour ainsi dire, leurs grands jours, et la quantité y est telle, que les pêcheurs de toutes les nations ne sont occupés du matin au soir qu'à jeter la ligne, à retirer, à éventrer la morue prise, à en mettre les entrailles à leurs hameçons pour en attraper une autre. On prend plus communément de grosses morues, que les Flamands nomment cabillauds, à l'ouverture de la Manche ou à l'entrée de la mer d'Allemagne, avec des grosses cordes par fond, garnies de hains. Cette pêche se fait encore sur plusieurs autres côtés de France.

MOULINET, c'est un treuil à plusieurs usages. Aux Martigues, on nomme moulinet, celui qu'on emploie pour tendre le filet dit capoutière, qui est l'entrée de la bourdigue, quand les équipages sont faibles, ils se servent du moulinet pour tirer à terre ou dans leur bateau leurs filets, saines, eyssaugues, brigens, etc.

MULET-BARBET. Il va par troupe; sa description; temps de leur pêche, dans des parcs, pêcheries et étentes à la basse eau. Le mulet remonte les rivières surtout la Loire, au commencement du printemps, de sorte qu'on en prend au Pont-de-Cé, même au-dessus de Saumur, avec l'épervier, le carlet et la saine. Les œufs des mulets passent pour les meilleurs; lorsqu'on fait de grandes pêches, on les conserve soigneusement pour en faire un mets qu'on appelle la poutargue.

NANSE, nasses d'osier, figurées comme le sont les souricières de fil d'archal, que dans l'Océan on nomme bouragues.

NASSES, leur construction, leurs différentes formes et leurs noms; leur goulet, l'ouverture pour en tirer le poisson. Appât pour déterminer le poisson à y entrer. Nasses que les Provençaux tendent dans les rochers ; celles qu'ils appellent nasses. Appâts qu'on y emploie. Nasses appâtées, pour prendre des anguilles. Autres nasses au même usage, pour les rivières. Autres, pour les éperlans. Grandes nasses, que l'on tend avec un bateau ; celle que les Provençaux appellent lace, ressemble aux verveux doubles. Sa description ; temps pour faire cette pêche. Nasses pour les lamproies. Pêche avec les nasses dans la Garonne ; celles qu'on appelle bergots, appâtés avec du pain de noix appelé nogat.

NOGAT. Les pêcheurs gascons donnent ce nom aux pains de noix ou marc de noix dont on a exprimé l'huile. Il leur sert d'appât.

OMBRE DE RIVIÈRE, Salmo Thymallus. L'ombre est une espèce de truite ; sentiments de divers auteurs sur l'excellence de ce poisson. Se prend avec des amorces, et vit comme la truite.

ORPHIE, poisson de la longueur d'une anguille, mais plus gros, plus charnu et plus carré. Ce poisson est commun dans les côtes de Normandie ; sa pêche se fait à la fouane, ou dards en forme de râteaux, avec lesquels ils piquent et prennent souvent d'un seul coup plusieurs orphies à la fois. Les pêcheurs se mettent, la nuit, quatre dans un bateau : l'un se place en avant avec un brandon de paille enflammée, dont l'éclat attire les orphies, les trois autres armés de fouanes, etc. On choisit pour cette pêche une nuit obscure et un temps calme.

PACQUER, c'est tirer le poisson, et dans les barils pour les transporter.

PALANGRE, terme Provençal; v. pêcher aux cordes.

PALOT, vieille bêche ou louchet, avec lequel les pêcheurs verrotiers labourent le fond du sable pour en tirer les vers, des coques ou vanets, des harmilles et quelques autres poissons. Quand se pratique cette pêche. Pourquoi les pêcheurs s'arment d'un argon pour tirer les gros crabes, les homards de leur retraite, ou d'un grapin.

PAN, mesure d'usage en Provence, qui a 9 pouces de longueur.

PANIERS DE BONDE. Ce que les meuniers nomment ainsi, et qu'en Auvergne on appelle canisses; sa description; on y prend des truites, des goujons et autres poissons.

PANTENO, espèce de verveux qu'on met à l'extrémité des bourdigues pour retenir les anguilles.

PARCS, enceintes que l'on fait pour prendre le poisson qui suit le retour de la marée pour gagner la grande eau. Il y en a de bien des sortes, savoir : naturels, ou presque naturellement formés par les rochers entre lesquels il reste de l'eau; les artificiels, dont les uns sont appelés parcs de pierre, qui sont formés par des espèces de murailles à pierre sèches et assez élevées, auxquelles on ménage des ouvertures grillées pour laisser échapper l'eau; les autres sont appelés bouchots, et sont formés par des palis ou pieux jointifs et des clayonnages; d'autres nommés courtines ou tournées, dont l'enceinte est faite de filets. Il y a des parcs ouverts, des parcs fermés, des bas parcs, des hauts parcs, des parcs à l'anglaise, des parcs à fond de verveux.

PASSAGE (les poissons de) sont ceux qui ne paraissent dans certains parages que dans des saisons déterminées; tels sont les harengs, les sardines, etc.

PÊCHEUR. Pêcheur, c'est s'approprier le poisson qui se tient dans l'eau, d'une infinité de manières. Pêche à la ligne; à quelle heure il faut la commencer et finir. Temps favorable à cette pêche; sa durée. Pêche à la couffe de palangre, à l'archet, au potéra; les anguilles à la nasse, à la fouane; à la javelle, à pied sur la vase; les anguilles, poissons plats et congres; l'ombre; le saumon; le brochet, de diverses manières; observations sur le brochet. — Pêche de la carpe à la ligne; comment il faut la bombarder. Pêche de la carpe dans les étangs. A la ligne; aux canards dans les étangs.—Pêche et observations sur la brême: pêche de la tanche; du barbeau; des ablettes; de la loche, du rouget; de la vaudoise ou dard; des écrevisses et homards; de celles des rivières; sous la glace; de l'esturgeon; du gravel-last-spring; du gardon; du requin; du hareng; de l'alose; de la lamproie, du maquereau; du merlan; du mulet-barbet, de l'éperlan. — Pêche aux filets et autres instruments, à l'épervier. Dans les petites rivières; à la gourde;

au carreau, carrelet, etc; à la truble; au tamis de crin; à la chaudière; à la bouraque; au bouteux; à la grenadière; au bouteux nommé savre; au bavéneau sédentaire; à la bichette; à la savenelle; au chaperon, au bout de quièvre; au sac de toile; à la faux; aux filets sédentaires; aux guideaux simples; à hauts étaliers; à bas étaliers; aux guideaux perfectionnés aux verveux; à plusieurs entrées; manière de les tendre. Pêche aux nasses; aux paniers de bonde; aux nasses en forme de truble; aux nasses pour les éperlans; à celle appelée lance. Pêches aux seines; dans les petites rivières, etc; au colleret; avec des virveaux ou treuils du meunier; de la grenouille; avec un bras de la seine amaré; observations sur la pêche à la seine. — Pêche aux coquillages; au palot; à la bêche ou fourche; à l'espadot; autre pêche aux coquillages; aux râteaux, sur le sable; à la herse; à la foule; aux anguilles; au harpon; à la fouane et au feu; au miroir; au cormoran; sous la glace; autre de fond, après Briare. — Pêche à la cage : elle se fait avec une nasse faite comme une espèce de mue à élever des poulets, avec laquelle on couvre le poisson qu'on aperçoit au fond de l'eau; ainsi c'est une espèce d'épervier.

PENTENNE, nasse ou filet qui termine les bourdigues, et qui est destiné à retenir les anguilles.

PENTIÈRE. On nomme grandes pentières des filets qu'on établit verticalement et par fond; c'est pourquoi on donne ce nom aux folles. Les petites pentières du Crotoy sont les petits rieux d'Ambleteuse.

PERCHE de mer ; *Perca marina*, Linn.

La perche est un poisson excellent hardi et vorace, très-estimé en Italie ; Aldrovandus et Gesner la mettent au-dessus du brochet et de la truite; elle mord très-aisément ; vit en troupe ; amorce pour la prendre. Assaisonnement de la perche.

PERCHE. Pêcher à la perche, c'est attacher une ligne garnie d'un hain au bout d'une perche légère ou d'une canne. Voy. Canne.

PERCHE VOLANTE. Les pêcheurs à la canne disent qu'ils pêchent à la perche volante, quand en se promenant le long du rivage, ils font sauter le hain et l'appât quelquefois même sans toucher à l'eau. — Perche ou gaule, bois dont on les fait.

PHARILLON, sorte de pêche au lac avec la fouane.

PHASTIER, pêche au feu et à la fichure, ou avec la fouane.

PICOTS, filets d'usage en Normandie. On leur donne ce nom parce qu'on pique le fond autour du filet pour engager le poisson à donner dedans.

PILES ou EMPILES, lignes faites de bon chanvre filé, qu'on attache au bout des lignes latérales qui partent de la maîtresse corde. Les piles servent à porter les hameçons. Les piles simples consistent en une seule ligne, les ovales sont doubles. Quand on pêche, des poissons qui pourraient couper les empiles avec leurs dents, on les fait avec du crin, ou du fil de laiton.

PIQUER LE POISSON, c'est donner au hain une petite secousse, quand on s'aperçoit que le poisson a mordu, pour le faire entrer dans les chairs au-delà du barbillon.

PLIE ou CARRELET. Description de ce poisson; temps convenable pour sa pêche; lieux où on le pêche; son assaisonnement. On en pêche en quantité dans l'étang de Montpellier, dans la Loire et dans l'Océan.

PLONGEURS, sorte de pêcheurs qui vont sous l'eau, et prennent à la main des poissons et coquillages.

PLYETTER ou POMMETTER. Cette pêche, qui pourrait aussi se nommer piétiner, se fait en marchant pieds nus sur le sable, pour sentir les poissons qui y sont restés enfouis. Quand on sent un poisson sous ses pieds, on le pique avec un digon, ou on le prend à la main sans instrument. Cette pêche se nomme aussi à la foule, et on y prend des anguilles.

POCHE, espèce de sac de toile, avec lequel on prend, à Morlaix, beaucoup de meduise.

POELE, endroit d'un étang vis-à-vis de la bonde, qu'on creuse plus que le reste, pour que le poisson s'y rassemble quand on vide l'étang pour le pêcher.

POISSONS, animaux qui vivent dans l'eau. On les distingue relativement à leur forme, en poissons ronds, le merlan, le lieu; poissons longs, l'anguilles, la lamproie ; poissons plats, la sole, le turbot. Dans ces différents genres, il y en a à arêtes, et d'autres cartilagineux. Certains viennent par troupes dans des saisons, et sont appelés de passage, le hareng, le maquereau ; quelque-uns passent de l'eau salée dans l'eau douce, le saumon, l'alose.

On nomme amphibie, ceux qui respirent l'air, se trainent par terre, ou paissent l'herbe; tels le lametin, la vache marine. Les crustacées, sont les homards, les crabes, les tortues; les testacées sont les coquillages, les huîtres, les moules.

POISSON, moyen de l'attirer. On comprend sous cette dénomination tous les animaux qui ont du sang, qui n'ont point de pieds, mais des ailerons et des nageoires, qui vivent dans l'eau. Les uns sont d'eau douce, les autres de mer; les uns sont de passage, les autres domiciliés. Il y a encore d'autres distinctions suivant l'espèce de famille à laquelle ils appartiennent.

POUPARDS, grosse espèce de crabe qu'on pêche sur les côtes de Normandie.

PRUD'HOMMES, sorte de juridiction consulaire exercée à Marseille par d'anciens pêcheurs.

POTERA, ligne dont on se sert à Valence dans la

pêche des calamars. Hains sans appâts, ajustés autour d'un leurre de plomb pour prendre des seiches.

PRÉCAUTIONS DES PÊCHEURS à tirer le poisson hors de l'eau quand il a mordu. M. Clavaux a perfectionné un instrument appelé TOURNIQUET, qui remédie à cette difficulté; lorsque la carpe ou la brème a mordu à l'hameçon, pour la tirer à bord.

QUINQUE-PORTE, verveux dont le corps est comme cubique, et qui a 4 ou 5 entrées.

RACLARES, filet en nappe simple, très-clair, pierré et flotté. Il a 25 brasses de long sur 3 de large: on le tend la nuit, depuis le commencement de novembre jusqu'en avril.

RABEAU, assemblage de plusieurs pièces de bois léger fortement liées les unes aux autres, et qui forment un corps flottant sur lequel on peut naviguer. On en fait en Chypre avec des des tiges de fenouil, et qui servent à pêcher aux lignes simples.

RAFLE, verveux à plusieurs entrées. V. Louve.

RAIE, poisson plat, très-connu en pêcherie. On en distingue de différentes espèces, savoir: la raie bouclée, cardaire à foulon, étoilée, à miroir, lisse ordinaire au bec pointu, au long bec, ondée, piquante, raie de Seram. Les voyageurs font encore mention de la raie-diable, qui se trouve à l'île de Cayenne: ils disent que ce poisson est long de 22 pieds.

RATEAUX (pêche aux), sur les grèves et les sables.

RAVOIRS, filet tendus par le travers des ravins ou

des courans d'eau. On tend en ravoir toutes sortes de filets, des seines, des manets, des folles, des demi-folles, des tramaux, etc., suivant l'espèce de ce poisson qu'on se propose de prendre.

**RAY** ou **CAPEIRON**, engin ou filet fait en forme d'entonnoir, à mailles fort étroites; il est de chanvre, et sert aux petites pêches, particulièrement des petits poissons qu'on nomme saupes. On s'en sert à Marseille, à Calais : en Auvergne on le nomme chaperon. *(Voyez ce mot).*

**REQUIN.** Le requin est un poisson cétacée et cartilagineux, d'une grandeur prodigieuse, le plus goulu de tous les poissons. Longueur de ce terrible animal; lieux et heures favorables pour le pêcher; difficultés et dangers pour le tirer de l'eau.

**RÉSERVOIRS**, enfoncement qu'on pratique sur les bords de la mer, pour conserver dans l'eau salée les coquillages et les poissons qu'on a pris. On en fait aussi pour conserver le poisson d'eau douce : les grands s'appellent viviers, les petits huches.

**RÉSURE**, œufs de poisson salés, qui servent pour attirer les sardines.

**RETS**, synonyme de filet. Voyez ce dernier mot.

**RISSAUT**, nom que les Provençaux donnent au filet qu'on nomme épervier.

**RISSOLLE** ou **REISSOLE**, filet dont on se sert en Provence pour prendre des melettes, des anchois et des petites sardines. Il y a une pêche à la rissolle qu'on fait au feu et avec un harpon.

ROMATIÈRE, pêche qui se fait en Provence avec une entremaillade, pour prendre des rhombes et des turbots.

ROUGET, de deux sortes : l'un est sans barbe, appelé le roi des rougets, et l'autre le ROUGET-BARBET, en latin *Mullus barbatus*. Variétés des couleurs du rouget ; sa grosseur ; saison où il est meilleur ; on le prend à la dreige, aux filets et à la ligne.—Rouget-Grondin ; sa beauté dans l'eau et hors de l'eau ; se pêche à la ligne. C'est un très-bon poisson. Il faut remarquer que, quand il cuit, ses couleurs se distinguent encore, quoiqu'elles soient plus ternes. Ils sont très-communs en Provence, en Bretagne, où l'on en pêche beaucoup avec des tramaux.

ROUSSAILLE, synonyme de blanchaille, se dit des petits poissons d'étang qui se vendent à bon marché.

SAC DE TOILE en forme de poche ; son usage à Morlaix.

SALUBRE, espèce de truble, ainsi nommée par les Provençaux.

SEINES. Nappes simples, destinées à arrêter toutes sortes de poissons : on en garnit les parcs, on en tend en ravoir, mais le plus souvent on les traîne : c'est pourquoi on les nomme traîne. Il y a des seines de bien des sortes, mais c'est mal à propos que plusieurs pêcheurs mettent au nombre des seines les manets et les tramaux. A Antibes, on pêche le nonnat avec des seines fort épaisses, dont les mailles sont si serrées que la tissure est comme une toile. On appelle aussi seine un filet traîné par des bateaux en pleine eau, ou avec un bateau et des hommes à terre.

SEINES ou SENNES, de trois sortes. Toutes ces pêches se font en traîne. Pêche avec la seine dans les petites rivières; sa dimension; figure qu'elle forme dans l'eau; façon différente de se servir de ce filet. On peut pêcher sans bateau, pêcher dans une rivière; cas où l'on est obligé d'employer le bateau.

SEINETTE, diminutif de seine, pour exprimer un petit filet en forme de nappe.

SANGLE, pièces d'appelet, de moyenne grandeur, destinées à prendre des soles et autres poissons de ce genre.

SANSONNET, espèce de petit maquereau, qu'en Normandie on pêche avec un filet appelé manet.

SARDINE, poisson de la famille des harengs et des a oses. Les sardines, ainsi que les harengs, sont des poissons de passage, qui s'établissent ordinairement où il y a des herbiers : c'est pour les en tirer que les pêcheurs bretons leur présentent un appât qu'ils nomment *résure*, au moyen duquel on ne bouleverse point le fond comme les *filets traînans* qu'on emploie en quelques endroits, qui font un tort considérable à la multiplication de beaucoup d'espèces de poissons, et surtout aux sardines. Depuis le Croisic jusques et compris Concarneau, on commence la pêche des sardines à la fin de juin, et on la finit en août : ce poisson est si tendre au commencement de la saison, qu'on ne le peut saler qu'en petits barils et en saumure. Pêche de la sardine sur les côtes de Bretagne. Les bateaux étant grées, pourvus de rames, de résure, de filets, de quatre ou cinq hommes, les pêcheurs partent de grand matin, pour se rendre à l'aube du jour à l'endroit où ils présument trouver des sardines : elles se plaisent dans le remons des courans, à l'endroit où l'eau est peu agitée, ce que les pêcheurs appellent limes ; ils essaient à croiser la marée, jettent les filets à l'eau indistinctement à toutes heures du jour. Mais quand ils ne font pas usage de la résure, ils les jettent la nuit ; et dans ces circonstances, ils font caler les filets à différentes profondeurs dans l'eau, au moyen de badengues comme celles pour la pêche des harengs. Lorsqu'un bateau est rendu à sa destination, on amène ses voiles, deux ou quatre matelots se mettent en rames, pour tenir au vent, on ôte le gouvernail, et le maître ou un matelot met le filet à l'eau par l'arrière, et l'attache au bateau par le bout de la relingue qui porte les liéges. Pendant ce temps, l'équipage rame, pour que le filet s'étende bien dans l'eau : cette pièce de filet, qui a, si l'on veut, 15 brasses de longueur, s'étend dans la même direction que le bateau; et les bagues de plomb ou les câblières qu'on a amarrées aux angles de la relingue du pied du filet, lui font prendre dans l'eau une situation verticale. Cela fait, on rame mollement, pour entretenir le bateau dans l'air de vent, on laisse dériver au gré de la marée de conserve avec le filet : pendant ces opérations, un mousse délaie dans de l'eau de mer de la résure, de sorte qu'il en forme comme une bouillie claire; étant ainsi apprêté on en jette avec la main, suivant la direction que prend le filet, afin que les sardines, se déterminant à traverser le filet pour attrapper l'appât, se maillent: lorsqu'on voit des écailles qui flottent sur l'eau, on juge que les sardines ont donné dans le filet. Quand le patron croit que son filet est bien chargé de poisson, il le relève. On pêche encore les sardines à cannes.

SAUMON, lat. *Salmo*. Description du saumon par Artedi; les appâts pour le prendre sont ceux de la truite. Sentiment de Linnæus sur les mâles; les rivières sont leurs habitations d'été, selon Ray et Walton. De la pêche du saumon; il se prend à la ligne, au grand filet, beauté de ce poisson, diverses manières de l'accomoder. Les meilleurs saumons et truites sont ceux qui ont la tête petite, avec le corps gros et arrondi; car, quand ces poissons sont gras ils paraissent moins allongé et avoir la tête moins grosse. La pêche des saumons et des truites à l'entrée de la Loire commence en septembre, et dure jusqu'au mois de mai, quoique accidentellement il s'en prenne toute l'année.

SAVENEAU, SAVENELLE, SAVONCEAU, en provençal *Saufayron*, est un filet monté sur des bâtons. Il y en a où ces deux bâtons forment deux arcs qui se croisent; d'autres sont montés sur deux quenouilles qui ne se croisent pas.

SAVENELLE-SAVENEAU, est un diminutif du haveneau; manière de présenter ce filet à l'eau.

SAVRE, filet peu différent de la grenadière, qui sert à prendre des lançons. Le savre à râteau sert à prendre de la résure ou du nonnat.

SAXATILES, poissons qui habitent les roches, tels que les congres, les homards, etc.

SÉDENTAIRES. On dit pêcher avec des lignes sédentaires ou dormantes.

SOLE, *Pleuronectes Solea*; la sole franche de M. Duhamel. Poisson de mer à nageoires molles; on l'appelle perdrix de mer, à cause du bon goût de sa chair, qui est saine et nourrissante.

SONDE, morceau de plomb plat par-dessous, qui est attaché à une ligne; il sert à connaître la profondeur de l'eau à l'endroit où l'on est. On frotte de suif le dessous de la sonde, pour qu'il rapporte un peu de fond, sable, vase, coquillages, etc.

SOURIVE, petits crônes ou trous qui se forment au bord de l'eau sous les racines des grosses souches.

SOUTARS, harpon des Sables-d'Olonne.

SURMULET ou ROUGET. Comme ce poisson est en grande partie rouge, on l'a quelquefois nommé vrai rouget, non à cause de sa grandeur, mais parce qu'il fait un manger plus délicat que le mulet. Ce poisson est singulièrement estimé, lorsqu'il est pêché en grande eau, depuis le commencement de juillet jusqu'en août; sa chair est blanche, ferme et d'un goût excellent;

malheureusement il n'est pas de garde ; il faut le manger dans les vingt-quatre heures. Voyez Rouget.

TAMIS DE CRIN. Son usage à Caen.

TANCHE, *Cyprinus Tinca*, est appelé le médecin des poissons, particulièrement du brochet ; elle vit dans les eaux bourbeuses ; sa chair est très-agréable au goût. Son penchant pour toute espèce de pâte ; lieux qu'elle fréquente ; temps de sa pêche.

TANNER, c'est faire tremper les filets, pour les conserver, dans une forte teinture d'écorce de chêne, qu'on nomme tan.

TERRIR. Les poissons terrissent quand il fait chaud, pour dire qu'ils s'approchent de la terre ; et quand les eaux sont froides, ils gagnent la grande eau, ou se retirent dans les grands fonds.

TESTACÉES. Ce sont des coquillages qui sont renfermés dans un lit où coquille, tels que les huîtres, les moules, etc.

TOMBEREAU, retranchement qu'on fait derrière la bonde des étangs, pour pêcher lorsqu'on ne peut pas y faire une bonne poêle, ou lorsque la bonde perd l'eau.

TOILE, synonyme de flux. C'est la nappe fine qui est entre les deux hamaux du tramail.

TRAINELLE, sac de toile qu'on traîne sur le sable, comme une charrue, pour prendre les lançons. Terme usité en Normandie.

TRAIT, se dit de l'espace qu'on parcourt avec un

filet que l'on traîne ; après avoir fait un trait, on en fait un autre. On appelle quelquefois trait les ailes des filets en manche, apparemment parce qu'on les traîne par les ailes.

TRAMAIL, TRÉMAIL ou TRAMAU, filet composé de trois nappes, deux de fil fort à grandes mailles, qu'on appelle hamaux ou aumées entre ces deux, une de fil fin à petites mailles, qu'on nomme nappe, la toile ou la flue. On tend en pleine eau, tantôt par fond et tantôt à la dérive.

TRUBLE, de quoi composée. Grandes trubles, nommées maniolles; trubles moins grandes. Quand cette pêche réussit-elle. Trubles appelées lanets aux sauterelles; autres, que les Provençaux nomment salabres. Manière de pêcher à la salabre.

TRUITES. Les truites se prennent à la ligne appâtée au petit poisson appelé miron, et autres appâts. Temps où il faut s'abstenir de pêcher la truite. La grande truite est craintive le jour. Excellence de ce poisson ; diverses manières de l'accommoder et de le mariner. Observations sur les truites; celle appelée *fordidge*. Autre, truite du taureau; temps où elle maigrit. Beauté de ce poisson quand il sort de l'eau.

VAUDOISE, ou DARD, ainsi nommé par les pêcheurs de la Loire ; ce poisson mord à l'hameçon amorcé avec des fourmis.

VERVEUX ou VERVIERS, filets en forme de cloche ; sa description ; usage que les Nantais font de celui qu'ils nomment loup. Verveux à plusieurs entrées. Verveux nommés *quinque-porte*; façon de les tendre. Diverses considérations. Manière de tendre les verveux doubles. Petits verveux appelés *bertoulens*; cette pêche se pratique toute l'année. Verveux qu'on tend sur les grèves au bord de la mer. Appâts qu'on met dans les verveux simples; façon d'ajouter des ailes aux doubles, qu'on nomme louve. Manière de tendre les guideaux ou verveux où il y a peu de courant; tente des verveux dans les haies ou arrêts.

VIVIERS, grands réservoirs qui reçoivent l'eau d'une source, dans lesquels le poisson se conserve mieux que dans les huches, et en plus grande quantité; mais il ne s'y multiplie pas. Les viviers, pour conserver les poissons de mer, sont des marres qu'on creuse au bord de la mer, ou des paniers qu'on dépose dans des endroits où il entre de l'eau de mer.

# TABLE

### DES TITRES CONTENUS DANS CET OUVRAGE.

## PREMIÈRE PARTIE.

DEUXIÈME PARTIE. — *Pêche à la Ligne.*

FIN DE LA TABLE.

www.ingramcontent.com/pod-product-compliance
Ingram Content Group UK Ltd.
Pitfield, Milton Keynes, MK11 3LW, UK
UKHW020202250726
13967UKWH00003B/1209